Daniel Burghardt

Elend und Emanzipation

Die Buchreihe »**Gegenwartsfragen**« schärft zeitdiagnostisch den Blick für das Hier und Jetzt. Sie hinterfragt den Status quo und erweitert gesellschaftspolitische Debatten um wichtige psychosoziale Dimensionen. Die kurzen, eingängigen und gut lesbaren Diskussionsbeiträge beziehen kritisch Position, treiben die Auseinandersetzung mit den gegenwärtig wesentlichen Fragen kontinuierlich voran und sind damit in produktiver Weise irritierend.

GEGENWARTSFRAGEN

Daniel Burghardt

Elend und Emanzipation

Über die Politisierung des Leidens

GEGENWARTSFRAGEN

 Psychosozial-Verlag

Bibliografische Information der Deutschen Nationalbibliothek
Die Deutsche Nationalbibliothek verzeichnet diese Publikation in der Deutschen Nationalbibliografie; detaillierte bibliografische Daten sind im Internet über http://dnb.d-nb.de abrufbar.

Originalausgabe

E-Mail: info@psychosozial-verlag.de
www.psychosozial-verlag.de

ISBN 978-3-8379-3300-0 (Print)
ISBN 978-3-8379-6254-3 (E-Book-PDF)
ISSN 2943-5439

Inhalt

Die Permanenz des Leids

Einleitung

> »Wenn es dir begegnet,
> macht dich das Elend verlegen.«
>
> *Waving the Guns* –
> Endlich wird wieder getreten *(2017)*

Ein Buch über das Leid in der Moderne zu schreiben, bedarf einiger Vorbemerkungen. Zwar liegt der Gegenwartsbezug in Zeiten von Pandemien, Kriegen oder globaler Erderwärmung auf der Hand, gleichwohl existiert zu diesen Themen bereits eine Fülle an wissenschaftlicher Fachliteratur und populärwissenschaftlichen Arbeiten. Die Auseinandersetzungen mit Motiven des Leids, des Elends oder der Verwundbarkeit tragen dabei einer grundlegenden Entwicklung Rechnung: der Erkenntnis der Aufklärung, dass Phänomene wie Ungleichheit, Unterdrückung, Armut, Gewalt und Krankheiten nicht mehr als gottgewolltes und unabänderliches Schicksal zu ertragen, sondern durch die sozialen und gesellschaftlichen Umstände (mit)bedingt sind und verändert werden können. Das Leiden ist also politisiert worden und somit konstitutiv für die Moderne, insofern es als potenziell abschaffbares erkannt wird. Seitdem – so ließe sich sozialpsychologisch hinzufügen – ist das Leid in den Affekthaushalt des bürgerlichen Subjekts eingedrungen. So finden Behauptungen, dass das Elend einfach hinzunehmen sei oder das Leid den Sinn des

Lebens ausmache, einerseits kaum noch Zustimmung, andererseits scheint diese Entwicklung den Weg für ein modernes Unbehagen und das Aufkommen zahlreicher Opferdispositive freigemacht zu haben, sodass der italienische Philosoph Daniele Giglioli (2016) gegenwartsdiagnostisch vom Opfer als »Held unserer Zeit« (ebd., S. 9) spricht. Ob als notwendige Empörung, sekundärer Krankheitsgewinn oder Immunisierungsstrategie gegenüber Kritik, ob Klimaaktivist:innen der »Letzten Generation«, »Querdenker:innen« oder »alte weiße Männer« – die Position des Opfers verspricht Aufmerksamkeit und Authentizität.

Gerahmt wird diese gesellschaftliche Tendenz von wissenschaftlichen Diskursen, in denen zunehmend ein erschöpftes, singularisiertes, fragiles und entfremdetes Subjekt auf den Plan tritt. Das klassische Subjekt-Ideal, das sich durch Autonomie, Kompetenz, Empowerment, Souveränität, Gesundheit, Resilienz und Optimierbarkeit auszeichnet, ist damit zwar nicht ersetzt worden, jedoch scheint nun – unter neoliberalen Vorzeichen – dessen vulnerable Kehrseite aus seinem Schatten zu treten. In den Worten des Soziologen Ulrich Bröckling (2007) produziert der »Typus des smarten Selbstoptimierers zugleich sein Gegenüber: das unzulängliche Individuum« (ebd., S. 289). Wird dieses Phänomen nicht umgehend subjektiviert, individualisiert oder pädagogisiert, zeigt sich, dass sich die Subjektentwürfe als ebenso stabil bzw. instabil erweisen wie die sie umgebenden gesellschaftlichen Verhältnisse. Demnach ist davon auszugehen, dass mit sozialen Krisentendenzen auch deren passförmige Idealtypen ins Wanken geraten. Angesichts dessen wird mittlerweile häufiger darüber diskutiert, welche gesundheitsbezogenen Folgen die veränderte Arbeitswelt hat und inwiefern etwa eine Zunahme von Depressionen damit zusammenhängt. Umgekehrt läutet diese Entwicklung auch eine neue Ära gut zu vermarktender Präventionsforschung ein, an deren Spitze gegenwärtig der Modebegriff der Resilienz stehen dürfte, der Durchsetzungsfähigkeit und Erfolg verspricht.

Braucht es also noch eine weitere Auseinandersetzung mit dem Leid in der Gesellschaft? Ist das durch Pierre Bourdieu sprichwörtlich gewordene »Elend der Welt« nicht mittlerweile hinlänglich beschrieben und erforscht? Wäre nicht vielmehr eine präzise Analyse etwa des Vulnerabilitätsbegriffs oder des Konzepts der Resilienz angezeigt? Das Buch versteht sich durchaus als ein Beitrag zu diesen Debatten. Gleichwohl möchte ich im vorliegenden Fall einen größeren Zusammenhang umreißen, der mit einem Diktum aus der *Dialektik der Aufklärung* davon ausgeht, dass »die reale Geschichte aus dem realen Leiden gewoben ist, das keineswegs proportional mit Anwachsen der Mittel zu seiner Abschaffung geringer wird« (Horkheimer & Adorno, 1981 [1944/1947], S. 58).

Der philosophische Begriff des Leids soll diese Absicht deutlich machen. Denn anders als andere Termini umfasst »Leid« ein überaus großes Spektrum körperlicher, psychischer und sozialer Einschränkungen, Empfindungen oder Unterdrückungen, die allesamt als etwas Negatives charakterisiert sind (Dederich, 2022). Wie bereits skizziert, wurden die vielfachen Formen des Leids historisch zunächst auf höhere Gewalten zurückgeführt, um dieses mit der Aufklärung anthropologisch über die Verfasstheit des Menschen und sozialkritisch durch die Einrichtung der Kultur oder der Gesellschaft zu politisieren. Auch etymologisch bedeutet das substantivierte Adjektiv »Leid« ursprünglich so viel wie »abwenden«, »weggehen« oder »eine Not durchstehen«. Das Leid zeigt ein Widerfahrnis oder eine Erfahrung von Übel, Unglück und Elend an (Arndt, 1980). Dementsprechend ist es immer an Subjekte gebunden, auch wenn es sich um kollektive Erfahrungen handelt, und entzieht sich darüber einer präzisen Definierbarkeit. Auch im vorliegenden Fall wird der Versuch einer eindeutigen Begriffsbestimmung des Leids vermieden, stattdessen werden über unterschiedliche Ansatzpunkte hinweg *Gestalten* und *Formen* des Leidens dargelegt, um das emanzipatorische Anliegen des Buches vorzubereiten, den Gegenstand, den es beschreibt, *aufzuheben*. In dieser Hinsicht bleibt der Autor unter veränderten Umständen dem von Marx in der »Einleitung zur Kritik der Hegelschen Rechtsphilosophie« formulierten kategorischen Imperativ verbunden, »alle Verhältnisse umzuwerfen, in denen der Mensch ein erniedrigtes, ein geknechtetes, ein verlassenes, ein verächtliches Wesen ist« (Marx, 1976 [1843/1844], S. 385).

So wurde als Titel das Begriffspaar »Elend und Emanzipation« gewählt. Obwohl »Elend« häufig synonym zu »Leid« verwendet wird, verweist es auf konkrete Umstände und materielle Entbehrungen (Bourdieu et al., 2005 [1993], S. 12). Daher entfaltet das Buch seinen Gegenstand jeweils am konkreten materiellen und psychischen Elend, um dieses entsprechend in einen größeren Kontext des Leids einzubetten. Der dem »Elend« beigefügte Emanzipationsbegriff verweist indes weniger darauf, dass auf jedes Elend eine dementsprechende Emanzipationsbewegung zu folgen hätte, als vielmehr auf die im Elend mitausgeprägten Herrschaftsverhältnisse. So entstammt der Begriff *emancipare* der römischen Rechtssprache und bezeichnete dort den Akt, durch den ein Sklave aus seiner Abhängigkeit oder ein Sohn aus der väterlichen Gewalt entlassen wurde (Ruhloff, 2004). »Emanzipation« als »Losgebung« oder »Freilassung« hat soziale Machtverhältnisse zur Voraussetzung und verweist wesentlich auf Formen der Fremdbestimmung, die gleichwohl beseitigt oder zumindest verändert werden können. Darauf aufbauend entfaltete der Begriff im 18. Jahrhundert in der Demokratiebewegung des Bürgertums wie der Arbeiterbewegung seine volle Wirkkraft, worüber Gleichstellungs-, Anerkennungs- oder Revolutionsdynamiken in Gang gesetzt werden sollten. Semantisch verschob sich der Begriff dabei vom Einzelnen auf das Kollektiv sowie vom Ereignis zum Prozess. »Emanzipation« wurde zum Synonym für die Freiheit aller von materieller Not (Demirović, 2019). »Emanzipation« ist somit ein genuin moderner Begriff, der eine Selbstreflexion der Gesellschaft ermöglicht und der aufgrund seines aufhebenden Potenzials negativ auf Leid und Elend bezogen bleibt. Dementsprechend wurde der Terminus geschichtsphilosophisch interpretiert und fand Einlass in die Aufklärungsdiskurse seiner Zeit.

An dieser Schwelle zur bürgerlichen Gesellschaft setzt die Untersuchung an. Das Buch untergliedert sich in fünf Kapitel, die sich mitunter nur grob in die klassische Epocheneinteilung von der Aufklärung bis in die Gegenwart einordnen lassen. Die Gliederung ist primär thematisch bestimmt. In den Kapiteln wird ausgehend von einer charakteristischen Situation ein spezifischer Zugang zum Leid eröffnet.

Der Begriff des Leids scheint hierbei geeignet und bedenklich zugleich. Geeignet, weil alle, die das Buch aufschlagen werden, bereits eine abstrakte Idee vom Leid besitzen und schlechterdings konkrete Erfahrung mit dem Elend gemacht haben. Bedenklich, weil kaum ein Begriff derart assoziativ und politisch aufgeladen scheint wie das »Leiden«. In schlechter Abstraktion gilt es als böse oder falsch, und der Blick aufs konkrete Elend verleitet in aller Regel nicht zur Revolution oder Reflexion. Der Ausruf »Weh spricht: Vergeh!« aus Nietzsches *Zarathustra* ist dagegen ein vortreffliches Feld zur Indoktrination und Agitation. Ob ein essayistischer Zugang diesem Unbehagen gerecht werden oder gar Einhalt gebieten kann, darf wohl stark bezweifelt werden. Denn hier wird weder eine modernisierungstheoretische Fortschrittserzählung noch eine kulturpessimistische Verfallsgeschichte verfolgt. So kann wohl am ehesten die Einsicht Theodor W. Adornos aus einer seiner Vorlesungen *(Zur Lehre von der Geschichte und von der Freiheit)* als Motiv des Buches ausgewiesen werden:

> »Fortschritt ist sowenig zu ontologisieren, dem Sein etwa unreflektiert zuzusprechen, wie, was freilich den neueren Philosophen im allgemeinen [sic!] besser behagt, der Verfall. Zu wenig Gutes hat Macht in der Welt, als daß von ihr in einem prädikativen Urteil Fortschritt auszusprechen wäre, aber kein Gutes und nicht seine Spur ist ohne den Fortschritt« (Adorno, 2001 [1964/1965], S. 210).

Das *erste* Kapitel verfolgt den aufklärerischen Zusammenhang von Elend und Erkenntnis im 18. Jahrhundert anhand der zeitgenössischen Debatten um das Erdbeben von Lissabon. Die Polemiken Voltaires auf die Theodizee, die moralische Empörung Rousseaus und die Kindheitserinnerungen Goethes zeugen gleichermaßen von einer tiefen Erschütterung des Aufklärungsoptimismus durch die Katastrophe sowie vom leidvollen Prozess des Mündig-Werdens des Menschen, der nun Verantwortung für das Elend auf der Welt übernahm.

Das *zweite* Kapitel nimmt seinen Ausgang in Engels Studie zum Elend der Arbeiterklasse. Engels läutete mit seinen Ausführungen zur *sozialen Frage* im 19. Jahrhundert fast beiläufig die empirische Sozialforschung ein, während sich seine revolutionäre Hoffnung, die aus dem Leid der Arbeiterklasse entsprang, nicht bewahrheiten sollte. So hat seine Verelendungstheorie einem deterministischen Geschichtsbild das Wort geredet, welches die Kritische Theorie im ersten Drittel des 20. Jahrhunderts zum Anlass einer Selbstreflexion des Marxismus nehmen sollte.

Im *dritten* Kapitel wird der Blick auf die sozialpsychologischen Zusammenhänge des unbewussten Elends gerichtet. Die soziale Konstitution der Menschen erweist sich hier als eine Verinnerlichung des Leids. Den Briefwechsel zwischen Freud und Einstein über die Ursachen des Krieges am Vorabend der Machtübernahme der Nationalsozialisten zum Anlass nehmend, wird eine Verbindung zwischen dem Elend in der Psyche und dem Aufkommen eines *autoritären Charakters* hergestellt. Inwiefern dieser zwar seine Gestalt hin zum *autoritären Rebellen* gewandelt hat, aber dennoch nicht veraltet ist, wird sodann an aktuellen Beispielen – wie der »Querdenken-Bewegung« – diskutiert.

Im *vierten* Kapitel verschiebt sich abermals das Verhältnis von Elend zur Emanzipation hin zur Frage der Repräsentierbarkeit des Leids. Diente bei Engels das private Elend noch zur Illustration der sozialen Schieflage und Antizipation der

Revolution, erhält das Elend des Alltags in den biografischen Selbstauskünften Bourdieus und Eribons nun einen gesonderten Stellenwert. Nicht zuletzt darüber wurde regelrecht ein ganzes Genre an Klassismus-Diskursen eingeläutet, in dem wir uns gegenwärtig zurechtfinden müssen.

Schließlich unternimmt das *fünfte* Kapitel den Versuch, über die Dialektik der Aufklärung der Natur im Subjekt unter Bedingungen des Klimawandels einzugedenken. Während von Horkheimer und Adorno die Urgeschichte des Subjekts noch als leidvoller Prozess der Zivilisation aus der Distanzgewinnung zur beherrschten Natur beschrieben wird, zeichnet sich in Lessenichs Beschreibung der *Externalisierungsgesellschaft* eine abermalige Verschiebung des Leids an die Außenposten des globalen Kapitalismus ab. Dadurch tritt ein projektives und kausales Verhältnis zum Leid der Anderen zutage. Denn im weltumspannenden Kapitalismus sind Reichtum und Armut, Zentrum und Peripherie oder Eigentum und Ausbeutung auf unterschiedlichen Ebenen miteinander vermittelt.

Das *Nachwort* versucht einem Desiderat und einem Ereignis Rechnung zu tragen: So widmet das Buch der Barbarei des Nationalsozialismus, die in den Vernichtungslagern ihren Höhepunkt fand, kein ausdrückliches Kapitel. Zwar handeln viele Abschnitte implizit von den Voraussetzungen der praktisch realisierten Gleichgültigkeit gegen das Individuum, nicht aber vom eigenständigen Charakter des Antisemitismus und der Shoah. Insofern der Antisemitismus in den Worten Samuel Salzborns (2010) die negative Leitidee der Moderne bildet, kommt, wer sich mit der modernen Gesellschaft befasst, um dessen Analyse nicht herum. Indem der Antisemitismus die gesellschaftlichen Verhältnisse mythologisiert und dadurch fortschreibt, stellt er eine antiemanzipatorische Kraft per se dar (Peham, 2022, S. 8). Dies erkannte Max Horkheimer bereits 1941 – in dem Jahr, als der Massenmord an den europäischen Juden begann. Er schrieb aus dem amerikanischen Exil an Harold Laski:

> »So wahr es ist, dass man den Antisemitismus nur aus unserer Gesellschaft heraus verstehen kann, so wahr scheint mir zu werden, dass heute die Gesellschaft selbst nur durch den Antisemitismus richtig verstanden werden kann« (Horkheimer, zit. n. Voigt, 2024, S. 11).

Auch wenn sich die Umstände und die Gesellschaft verändert haben, bleibt der Begriff des Antisemitismus zentral für ein umfassendes Verständnis der Gegenwart und des Leids in der Moderne. Dass sich nach dem Massaker der Hamas vom 7. Oktober 2023 ein antisemitisches Lauffeuer entfachte, ist nur ein weiterer Beleg dafür. Und dennoch bedarf die Perspektive der Vernichtung um der Vernichtung willen einer eigenen Analyse und bleibt diesem Buch daher äußerlich. Derweil scheint es mir unmöglich, ein Buch über das Verhältnis von Elend und Emanzipation in der Gegenwart zu schreiben, ohne auf den Überfall der Hamas auf Israel und dessen Folgen einzugehen. Denn hierin offenbaren sich einmal mehr die Grenzen der Emanzipation – sowohl im Ereignis selbst als auch in den Reaktionen darauf. Daher wird das Buch, seinem theoretischen Zugang treu bleibend, mit einer Analyse des (gescheiterten) Versuchs der Kontextualisierung des Leids vom 7. Oktober 2023 durch die Philosophin Judith Butler beschlossen.

Das Buch vermittelt weder Praxisanleitungen noch Handlungsempfehlungen. Vornehmlich werden historische Entwicklungen und soziale Widersprüche offengelegt; darüber wird daran erinnert, dass die Möglichkeit der Abschaffung des Leidens nicht allein bei den Einzelnen, sondern in der Gesellschaft liegt – und dazu bedarf es einer grundlegenden Änderung der gesellschaftlichen Zustände.

An diesem Buch hat nicht allein der Autor Anteil, auch wenn er sich für den Inhalt verantwortlich zeigt. Mein erster Dank gilt daher Simon Scharf vom Psychosozial-Verlag für die Initiative zu diesem Buch und das sorgfältige Lektorat. Darüber hinaus möchte ich vielen Freund:innen, meinen Eltern und diversen Kolleg:innen für formale Korrekturen, Auseinandersetzungen mit Auszügen des Manuskripts und Diskussionen zu inhaltlichen Aspekten danken. In zufälliger Reihenfolge seien genannt: Nina Rabuza, Max Münßinger, Paula Rottner, Bini Adamczak, der Lesekreis »Fabbrica e Stato«, Sarah Schwarz, Maria Burghardt, Judith Goetz, Helen Vierkötter, Thomas Höhne, Cordula Trunk, Jörg Zirfas und die »Kölner Forschungsgruppe Vulnerabilität«.

1 Elend und Erkenntnis

Oder über das Ende der besten aller Welten

»Ihr Unglücklichen seid, Land, du bist zu beklagen!
Du entsetzliche Ansammlung, ach, aller Plagen!
Schmerz, der sinnlos doch ist, aber ewig nicht ruht!
Philosophen, getäuscht, sagen: ›Alles ist gut.‹«

Voltaire (1994 [1756], S. 61)

Die Katastrophe brach am 1. November 1755 völlig unerwartet über die Einwohner:innen Lissabons herein. Gegen 9:30 Uhr – so die Überlieferungen – bebte die Erde. Das Epizentrum lag nicht weit vor der Küste der Hafenstadt, jedoch machten sich die Auswirkungen des Bebens von Marokko bis nach Skandinavien und Hamburg bemerkbar. Das Hauptbeben dauerte knapp zehn Minuten – doch diese kurze Zeitspanne reichte aus, tausende Gebäude zum Einsturz zu bringen und deren Bewohner:innen unter den Trümmern zu begraben. Wer ins Freie flüchten konnte, war allerdings noch nicht gerettet. Auf das Beben folgten verheerende Feuersbrünste, die die noch stehenden Gebäude zerstörten und die Menschen bei lebendigem Leibe verbrannten. Noch während das Feuer wütete, ergoss sich eine 15 Meter hohe Flutwelle vom Meer aus in die Mündung des Tejo, zerstörte den Hafen, riss Schiffe los und ertränkte die Menschen, die sich vor dem Beben und dem Feuer an den Strand gerettet hatten. Das Toben der vier Elemente erfolgte in kurzen Zeitabständen, fast kausal, sodass auch die aufgeklärten Zeitgenossen eine Art Muster hinter dem Elend zu erkennen glaubten.

Der folgende Abschnitt handelt weniger vom Erdbeben in Lissabon, als von dessen *intellektuellen* Nachbeben. Denn die Katastrophe veranlasste Vordenker der Aufklärung wie Kant, Voltaire oder Rousseau dazu, die Frage nach dem Sinn des Elends neu zu stellen. Wenn – mit einer Sentenz von Hegel gesprochen – Philosophie ihre Zeit in Gedanken erfasst, so waren Zeit und Gedanken nach Lissabon andere. Dies mag auf den ersten Blick durchaus verwundern, denn auch wenn das Elend und die Folgen der Katastrophe verheerend waren, erklärt sich darüber allein noch nicht die immense Wirkung, die von dem Beben ausging. Sowohl vor als auch nach Lissabon gab es weitaus stärkere Erdbeben mit wesentlich höheren Opferzahlen. Auch ist bis heute nicht geklärt, wie viele Opfer die Katastrophe tatsächlich forderte. Neben einer Unzahl an Sensationsberichten trug die ungesicherte Einwohnerzahl Lissabons dazu bei, dass die Angaben bis heute zwischen 30.000 und 60.000 Menschen schwanken (Breidert, 1994). Wenn aber weder das Ereignis noch dessen Folgen unvergleichbar erscheinen, woher rührt dann die immense Wirkung des Erdbebens, was u. a. dazu führt, dass in schöner Regelmäßigkeit Darstellungen des zerstörten Lissabon als Bilder des Elends *per se* aufgeführt werden – wie zuletzt nach dem Erdbeben in der Türkei und Syrien im Februar 2023? Es soll also der Frage nachgegangen werden, warum der 1. November 1755 in der Geschichte der Philosophie so häufig zum Beginn der Moderne erklärt wird (Marquard, 2008; Neiman, 2006; Walter, 2010).

Dass die Bilder der in Schutt und Asche liegenden Hauptstadt Portugals bis heute als Symbol der Katastrophe dienen, liegt auch daran, dass die Situation in Lissabon *das* mediale, moralische und ästhetische Schlüsselereignis seiner Zeit war. Zwar dauerte es gut vier Wochen, bis die Nachricht des Ereignisses andere europäische Städte wie Paris, London oder Hamburg erreichte, jedoch war damit die Berichterstattung für die nächsten Monate vorgezeichnet. An vielen Orten wurden Gebetsstunden für die Opfer abgehalten. Eine von England aus koordinierte Katastrophenhilfe wurde ins Leben gerufen, und erfundene Sensationsberichte von Folgebeben auf der ganzen Welt waren kaum noch von einer sachlich orientierten Berichterstattung der großen Zeitungen zu unterscheiden. Ferner nahm sich die Bilderwelt der Darstellung des Elends über Kupferstiche und Holzschnitte an. All dies trug zu einem Gefühl der permanenten Katastrophe bei: »Die Zeitungsleser an der Jahreswende 1755/56 [...] mussten den Eindruck einer sich länger hinziehenden Naturkatastrophe gewinnen« (Wilke, 2008, S. 82). In Anlehnung an Foucault fachte das Erdbeben von Lissabon mehr noch einen regelrechten Katastrophen*diskurs* an, der sich politisch, ästhetisch und naturwissenschaftlich auswirkte. Im Feld der Politik entstand eine Erdbebensemantik, die gleichermaßen für die Französische Revolution wie für gegenwärtige politische Großereignisse in Anschlag gebracht wurde und wird (Lauer & Unger, 2008, S. 39f.). Der mediale Anblick des Leids fand Einlass in die bildenden Künste, entfachte eine eigene »Lissabon-Dichtung«, deren prominentester Vertreter Voltaire wurde, und bezeichnete schließlich bei Kant eine vom Konzept der Schönheit unterschiedene Form des Erhabenen. Unterdessen war den Naturwissenschaften Mitte des 18. Jahrhunderts noch keine Plattentektonik bekannt. So prüfte man verschiedene Hypothesen, die heute mitunter kurios anmuten. Als Ursache wurden ebenso unterirdische Vulkanausbrüche diskutiert wie der Absturz großer Erdmassen in unterirdischen Höhlen oder aber der Bau von tiefen Brunnen als Ventilfunktion. Dabei schienen Erklärungsansätze, die von elektrischen Entladungen als Grund von Beben ausgehen, durchaus ihrer Zeit voraus, wenn auch die Fachrichtung verfehlt wurde. Mit dem Erdbeben hat sich auch die naturwissenschaftliche Forschung schnell weiterentwickelt; Walter Benjamin wird im 20. Jahrhundert gar so weit gehen, den Beginn einer säkularen Erdbebenforschung auf das Erscheinungsdatum der drei »Erdbebenschriften« Immanuel Kants aus dem Jahre 1776 zu datieren (Breidert, 1994, S. 14). Denn das Anliegen der Aufsätze war es, Erdbeben in den Kanon der Naturgesetze einzubetten und diese nicht mehr auf übernatürliche Ursachen zurückzuführen.

In der Philosophie wird das Erdbeben von Lissabon gemeinhin mit dem Abschied von der Theodizee und der Erschütterung des Aufklärungsoptimismus in Verbindung gebracht. Damit rückt eine andere Anthropologie in den Fokus der Betrachtungen. Neben die Perfektibilität des Menschen (Rousseau) gesellte sich nun dessen Vulnerabilität, Hybris und Vermessenheit. Der Mensch gerät im 18. Jahrhundert zunehmend zum Alleinverursacher seines eigenen Elends. Als Kronzeugen für diese Entwicklung können die Betrachtungen des jungen Goethe und die Polemiken Voltaires aufgerufen werden. Insbesondere Goethes Schilderungen des Erdbebens dürften dabei entwicklungstheoretisch durchaus verwundern, handelt es sich doch um die Erinnerungen eines sechsjährigen Kindes, welche der Dichter in sein berühmtes Buch *Dichtung und Wahrheit* einfließen ließ:

> »Durch ein außerordentliches Weltereignis wurde jedoch die Gemütsruhe des Knaben zum erstenmal im Tiefsten erschüttert. Am ersten November 1755 ereignete sich das Erdbeben von Lissabon, und verbreitete über die in Frieden und Ruhe schon eingewohnte Welt einen ungeheuren Schrecken. Eine große prächtige Residenz, zugleich Handels- und Hafenstadt, wird ungewarnt von dem furchtbarsten Unglück betroffen. Die Erde bebt und schwankt, das Meer braust auf, die Schiffe schlagen zusammen, die Häuser stürzen ein, Kirchen und Türme darüber her, der königliche Palast zum Teil wird vom Meere verschlungen, die geborstene Erde scheint Flammen zu speien: denn überall meldet sich Rauch und Brand in den Ruinen. Sechzigtausend Menschen, einen Augenblick zuvor noch ruhig und behaglich, gehen mit einander zugrunde, und der glücklichste darunter ist der zu nennen, dem keine Empfindung, keine Besinnung über das Unglück mehr gestattet ist. Die Flammen wüten fort, und mit ihnen wütet eine Schar sonst verborgner, aber durch dieses Ereignis in Freiheit gesetzter Verbrecher. Die unglücklichen Übriggebliebenen sind dem Raube, dem Morde, allen Mißhandlungen bloßgestellt; und so behauptet von allen Seiten die Natur ihre schrankenlose Willkür […]. Ja vielleicht hat der Dämon des Schreckens zu keiner Zeit so schnell und so mächtig seine Schauer über die Erde verbreitet« (Goethe, 1970 [1811], S. 28f.).

Der Nachdruck und die Sprachgewalt Goethes mögen über den zeitlichen Abstand hinwegtäuschen, indes weist ebendiese Distanz auf den Konstruktionscharakter des Erdbebens als Urszene hin. Bernd Hamacher (2008) spricht daher von einer »Erfindung« des Erdbebens durch Goethe, die sich passförmig zu den Überlieferungen verhält, die sich tief ins kollektive Gedächtnis Europas eingegraben haben. Nicht nur der von sich in der dritten Person sprechende junge Goethe, auch die gesamte Kultur verlor demnach im November 1755 ihre Unschuld. Goethes Vorgehensweise kann mit dem Vokabular der Psychoanalyse als eine Form der Nachträglichkeit bezeichnet werden, geht es bei dem von Freud entwickelten Konzept doch darum, unbewusste Erfahrungen und Erinnerungen in einer Art und Weise zu bearbeiten, dass ihnen Sinn und Bedeutung zugeschrieben wird. Was Goethe in der Literatur an Evidenzen über das Erdbeben vorgefunden hat, ist tatsächlich kulturell Gewordenes. So waren es wohl weniger die Empfindungen des Knaben Goethe als der zeitgenössische Diskurs, der dazu führte, dass Goethe die Katastrophe als ödipalen Verlust schildert:

> »Der Knabe [...] war nicht wenig betroffen. Gott, der Schöpfer und Erhalter Himmels und der Erden, den ihm die Erklärung des ersten Glaubens-Artikels so weise und gnädig vorstellte, hatte sich, indem er die Gerechten mit den Ungerechten gleichem Verderben preisgab, keineswegs väterlich bewiesen« (Goethe, 1970 [1811]), S. 29).

Der erschütterte Gottesglaube Goethes wurde derweil nicht allein im fernen Lissabon geboren, sondern im heimischen Frankfurt durch ein »Hagelwetter« erst bestätigt. So gab der »folgende Sommer [...] eine nähere Gelegenheit, den zornigen Gott, von dem das alte Testament so viel überliefert, unmittelbar kennen zu lernen«. Denn – so entsinnt sich Goethe weiter –

»[u]nversehens brach ein Hagelwetter herein und schlug die neuen Spiegelscheiben der gegen Abend gelegenen Hinterseite des Hauses unter Donner und Blitzen auf das gewaltsamste zusammen, beschädigte die neuen Möbeln, verderbte einige schätzbare Bücher und sonst werthe Dinge, und war für die Kinder um so fürchterlicher, als das ganze außer sich gesetzte Hausgesinde sie in einen dunklen Gang mit fortriß, und dort auf den Knieen liegend durch schreckliches Geheul und Geschrey die erzürnte Gottheit zu versöhnen glaubte [...]«.

Das Naherlebnis des zornigen Gottes führt bei Goethe jedoch zu einer Versöhnung mit dem wirklichen Vater, »indessen der Vater ganz allein gefaßt, die Fensterflügel aufriß und aushob [...]« (ebd., S. 29f.).

Gewiss versöhnt Goethe sich weniger mit dem realen Vater, der sich später als ausdauernder Hauslehrer erweisen sollte, als mit der durch den Vater verkörperten Rationalität der Aufklärung. So öffnete dieser – ohne voraufklärerisches Geheul und Geschrei – schlicht ein Fenster und versuchte durch rationales Handeln weiteren Schaden vom Haus abzuwehren. Zwar sagte sich der junge Goethe nicht komplett von Gott los, doch wurde sein kindlicher Glaube an eine gottgerechte Welt als ein solcher entlarvt – eine Entwicklung, die abermals als Nachträglichkeit interpretiert werden kann, weist das Schicksal Goethes doch erstaunliche Parallelen zur kulturellen Revision der allgemeinen Weltanschauung und dem Wandel des Gottesbildes auf.

Diesen Umbruch vertritt niemand stärker als Voltaire, dessen »Gedicht über die Katastrophe von Lissabon« eine erste Abrechnung mit der von Leibniz, Shaftesbury und

Pope vertretenen optimistischen Philosophie war. Wenige Jahre später entstand Voltaires Novelle *Candide*, die so häufig übersetzt und illustriert wurde wie kein anderes Werk jener Zeit. Auch hier markierte das Erdbeben von Lissabon den Anlass einer philosophischen Auseinandersetzung über die »beste aller Welten«, wie auch der Untertitel der deutschen Übersetzung lautet. Damit wurde Voltaire einer der Hauptankläger Gottes und ein bedeutsamer Kritiker der Theodizee, welche sich vornehmlich der Frage widmete, wie Gott trotz allen Elends und aller Übel in der Welt noch als allmächtige und gute Instanz fortexistieren könne. Zur Erinnerung: Leibniz, dem die Theodizee ihren Namen verdankt, unternahm Anfang des 18. Jahrhunderts den Versuch, als Verteidiger des durch den Menschen erstmals angeklagten Gottes aufzutreten und diese dabei auf Basis der Vernunft zu gründen. Dem aufkeimenden Vorwurf, dass Gott als Schöpfer der Welt auch Urheber aller Übel sei, begegnete Leibniz mit dem Einwand, dass Gott, angesichts der Übel in der Welt der Menschen, gar nicht anders habe handeln können und vor diesem Hintergrund wohl auch die beste aller möglichen Welten geschaffen wurde. Die Welt ist demnach nicht notwendig gut, gleichwohl seien alle anderen Welten notwendig schlechter. Damit beraubt Leibniz Gott eines Großteils seiner Macht; dieser Gott mutiert nach Hegel nun zu einem regelrechten Markthändler, der eben nur eine begrenzt gute Ware verkaufen könne. Je mehr Macht dem für das Elend auf der Welt nun verantwortlichen Menschen zugeschrieben wird, desto geringer ist auch der Einfluss Gottes auf die Geschicke der Welt. Aber nur so war es den Gläubigen am Ende möglich, angesichts der Übel in der Welt noch an Gott zu glauben. Ausgesprochen modern ist Leibniz Theodizee, insofern sie förmlich eine Kausalität zwischen Sünde und Elend aufmacht. Dabei werden unterschiedliche Formen des Elends fein säuberlich in natürliche, moralische und metaphysische Kategorien gebracht. Letztlich fungiert Leibniz in den Worten Odo Marquards als Grenznutzenanalyst, dessen »Optimierungskalkulation jenes Minimum an Übel in Kauf nehmen muss, das ein Maximum an Gütern so ermöglicht, dass das Schöpferoptimum entsteht und besteht« (Marquard, 2008, S. 207).

Diese beste aller möglichen Welten gerät mit dem Erdbeben von Lissabon in eine veritable Rechtfertigungskrise, deren Widersprüche nun Voltaire entfaltet. Dabei entwickelt er mehrere Argumente gegen die von der Theodizee in Anschlag gebrachte Formel, dass alles gut sei. Zentral ist der Hinweis auf den Widerspruch innerhalb des christlichen Glaubensfundamentes selbst. Denn – so führt Voltaire im Vorwort zu seinem Lissabon-Gedicht aus – »[w]enn die allgemeine Ordnung einfordert, daß alles sei, wie es ist, ist die menschliche Natur auch nicht verdorben worden. Sie hat also auch keinen Erlöser nötig« (Voltaire, 1994 [1756], S. 58). Überdies raubt der Ausspruch den Menschen im Angesicht des bestehenden Leids alle Hoffnung auf ein besseres Leben. »Wenn diese Welt, so wie sie ist, die beste aller möglichen Welten ist, kann man also nicht auf eine zukünftige glücklichere hoffen« (ebd.). Schließlich wirkt der Hinweis darauf, dass alle Übel einem guten Zwecke dienen, der freien Bestimmung des Menschen entgegen:

> »Wenn ein von einem wilden Tier gefressener Mensch das Wohlbefinden dieser Tiere bewirkt und zur Ordnung der Welt

> beiträgt; wenn das Unglück von all den Einzelnen nur die Folge dieser allgemeinen, notwendigen Ordnung ist, sind wir also nur Räder, die dazu dienen, die große Maschine laufen zu lassen« (ebd., S. 59).

Voltaire treibt eine weltliche Empörung über das ihm vollkommen sinnlos erscheinende Elend an, welches die Opfer von Naturkatastrophen zu ertragen haben:

> »Damals, als Lissabon, Mekonès, Tetuán und so viele andere Städte mit einer so großen Zahl ihrer Einwohner verschlungen wurden – wenigstens im November 1755 –, haben Philosophen über die Unglücklichen, die kaum den Ruinen entgingen, ausgerufen: ›Alles ist gut. Die Erben der Toten werden ihr Vermögen vermehren. Die Mauerer werden beim Wiederaufbau der Häuser Geld verdienen. Die Tiere werden in den unter den Trümmern begrabenen Leichen Nahrung finden. Es ist die notwendige Wirkung notwendiger Ursachen, Euer einzelnes Übel bedeutet nichts, denn ihr tragt zum allgemeinen Wohl bei.‹ Eine solche Redeweise war gewiß ebenso grausam, wie das Erdbeben unheilvoll war« (ebd., S. 60).

Die von Voltaire aufgemachten Kausalverbindungen wirken wie eine bissige Vollendung der Leibniz'schen Systematik. Ein optimistischer Zusammenhang zwischen Elend und Sinn lässt sich nur noch über eine vollkommen verzerrte Logik herstellen, und über die Darstellung derselben entlarvt Voltaire die zeitgenössische Philosophie. Solche Anschuldigungen riefen freilich Gegenreaktionen hervor: So sah sich Rousseau herausgefordert, den Optimismus in einem Brief an Voltaire zu verteidigen. Denn nur dieser – so Rousseau – gebe den Menschen noch Hoffnung, wohingegen Voltaires »Gemälde unsres Elends« (Rousseau, 1994 [1756], S. 80) jenes noch vergrößere. Rousseau rekurriert, wie bereits in seinem »Zweiten Diskurs« von 1755 und etwas später in dem Erziehungsroman *Émile* aus dem Jahr 1762, auf einen ursprünglich guten Naturzustand des Menschen, der keiner Erbsünde bedarf und sich erst durch die selbstgeschaffene Zivilisation entfremdet: »Ich sehe nicht, daß man die Quelle des moralischen Übels woanders suchen dürfte als im freien, perfekten, folglich verdorbenen Menschen« (ebd., S. 81). Ganz menschlich haben demnach Geiz und Habgier zu einer viel zu engen und hohen Bauweise geführt und dadurch die Möglichkeiten der rettenden Flucht verstellt. Abschließend bemerkt Rousseau – durch eigene Gebrechen verbittert –, wie sehr Voltaires privates Glück im praktischen Widerspruch zu dessen theoretischem Pessimismus steht.

Rousseaus Brief blieb von Voltaire unbeantwortet. Er ließ Rousseau lediglich die spöttische Notiz zukommen, dass er aufgrund einer Krankheit den »sehr schönen« Brief nicht beantworten könne. Allerdings entwickelte Voltaire eine indirekte Antwort in seinem *Candide*: Bereits die eröffnende Darlegung der Weltanschauung des Hauslehrers Pangloss erinnert stark an die Kausalität des Elends mit Blick auf die Philosophie *vor* Lissabon:

> »›Es ist erwiesen‹, so doziert Pangloss, ›dass die Dinge nicht anders sein können als sie es sind, denn da alles zu einem Zweck erschaffen worden ist, muß es notwendigerweise zum besten dienen. Bekanntlich sind die Nasen zum Brillentragen

> da – folglich haben wir auch Brillen. Die Füße sind offensichtlich zum Tragen von Schuhen eingerichtet – also haben wir Schuhwerk; die Steine sind dazu da, um behauen und zum Bau von Schlössern verwendet zu werden; und infolgedessen hat unser gnädiger Herr ein wunderschönes Schloß. Der vornehmste Baron der ganzen Provinz muss eben auch das schönste Schloß haben. Und da die Schweine dazu da sind, gegessen zu werden, so essen wir das ganze Jahr hindurch Schweinefleisch. Also ist es eine Dummheit, zu behaupten, alles auf der Welt sei gut eingerichtet; man muß vielmehr sagen: alles ist aufs beste bestellt« (Voltaire, 1962 [1759], S. 149).

In einer rasanten Abfolge von Qualen, Todesfällen, unerwarteten Heilungen und irrwitzigen Begegnungen gelangt der anfangs noch naive und behütete Held Candide, der häufig als Referenz an Rousseau interpretiert wird, mit Pangloss an die elendsten Orte der Welt und erleidet fürchterliche Pein. Unterdessen wird Pangloss nicht müde, sein Mantra, dass alles gut sei, in immer absurderen Situationen zu wiederholen. So auch inmitten des Erdbebens von Lissabon, in das die beiden Protagonisten geraten:

> »Nachdem sie am nächsten Tage einige Eßwaren unter den Schutt- und Trümmerhaufen gefunden hatten, frischten sie ihre Kräfte wieder etwas auf und machten sich zusammen mit den anderen ans Werk, um die Not der Einwohner, die dem Tode entronnen waren, zu lindern. Einige Bürger gaben ihnen zum Dank für ihre Hilfe eine Mittagsmahlzeit, so schlecht und recht, wie man es bei einem solchen Unglück eben haben konnte: Es war wirklich ein trauriges Mahl. Die Tischgenossen

> benetzten das Brot mit ihren Tränen, Pangloss jedoch tröstete sie mit der Versicherung, die Dinge könnten gar nicht anders sein. ›Denn‹, so sagte er, ›all dies ist so am besten. Wenn es nämlich bei Lissabon einen Vulkan gibt, so kann das Erdbeben nicht woanders sein, denn es ist ja selbstverständlich, daß sich die Ereignisse dort abspielen müssen, wo sie entstehen. Also ist alles gut‹« (ebd., S. 163).

Voltaire straft den Glauben an Harmonie und Ordnung Lügen, indem er diesem seine weltlichen Konsequenzen vorstellt. Die Ordnung der Welt, die Voltaire seinen Zeitgenoss:innen eröffnet, ist *nicht mehr* göttlich und *noch nicht* menschlich. In *Candide* finden sich Rudimente noch nicht entwickelter Wirkungsursachen, die die göttliche Hand der Vorsehung widerlegt, weil sie diese so bizarr beschwört. Ein ähnliches Schicksal erfährt die zeitgenössische Wissenschaft, die es eher mit der Lynchjustiz der Inquisition als mit der Erforschung der Natur hält:

> »Nach dem Erdbeben [...] fanden die klügsten Köpfe des Landes kein wirksameres Mittel zur Verhinderung der völligen Vernichtung, als dem Volke das Schauspiel eines prächtigen Autodafés zu bieten. Die Universität von Coimbra hatte nämlich entschieden, daß das mit feierlichem Gepränge veranstaltete langsame Verbrennen mehrerer Menschen ein unfehlbares Mittel zur Verhütung von Erdbeben sei« (ebd., S. 164).

Das Buch Voltaires kann auf unterschiedlichste Weise interpretiert werden: Während häufig die negative Teleologie des Werkes hervorgehoben wurde, ließe sich mit Susan Neiman

(2006) eine durchaus optimistische Lesart hinzufügen. Denn Candides Suche nach einer neuen Welt legt vor allem die Laster der alten offen. »Das Verlangen nach Erkenntnis führt zu der Einsicht, dass die Welt dazu da ist, uns in den Wahnsinn zu treiben« (ebd., S. 224). Unterdessen findet sich im Buch eine beißende Kritik von Kirche, Adel und Kriegen. Am Ende seiner Reisen findet Candide sein Glück im Bestellen des eigenen Gartens. Dies kann sowohl als Resignation wie auch als Anerkennung der Autorität menschlicher Arbeit gelesen werden:

> »Begann das Buch damit, die Quellen menschlichen Glücks zu untersuchen, so endet es damit, dass die Menschen ihr Glück selbst in die Hand nehmen. Voltaire hält den Augenblick fest, an dem die Menschen aufhören, bloße Zuschauer in einem geschlossenen Kosmos zu sein und in die Rolle des Weltschöpfers schlüpfen. Candide lässt sich so gesehen als Beschreibung des Übergangs von feudaler zu moderner Ordnung lesen« (ebd., S. 225f.).

Das Buch gipfelt in einer relativen Selbstständigkeit des Protagonisten, der nun ohne Hilfe Anderer zu denken gelernt hat. Den abschließenden Ausführungen Pangloss' über die beste aller möglichen Verkettungen des eigenen Schicksals entgegnet er – mit dem letzten Satz des Werkes – dürr: »›Sehr richtig […]‹, ›aber wir müssen unseren Garten bestellen‹« (Voltaire, 1962 [1759], S. 268). Voltaire brachte im Fahrwasser der Katastrophe nicht weniger als die Geschichtsphilosophie auf die Welt, die den Menschen in die Verantwortung nimmt – da sind sich Voltaire und Rousseau einig – und zum Schöpfer seiner Taten werden lässt.

Das Erdbeben von Lissabon war nicht der Auslöser der Aufklärung, hatte diese doch längst an Fahrt aufgenommen. Auch eine Kritik am Rationalismus der Theodizee war bereits eingeläutet. Indessen stellten die katastrophalen Ereignisse einen Anlass zur kritischen Selbstbefragung der Aufklärung dar (Wilke, 2008, S. 86). Lissabon war also ein Katalysator der Emanzipation der Menschen aus der selbstverschuldeten Bevormundung, nicht aber deren Ursache. Elend und Erkenntnis lagen wohl nie wieder so nah beieinander. Als bündige Behauptung kann gleichwohl festgehalten werden, dass mit Lissabon die Debatte um das Ende der besten aller Welten eingeläutet wurde und eine Verweltlichung der Deutungsmuster des Elends stattfand. Umgekehrt gerieten die Legitimationen der dogmatischen Theologie zunehmend in die Kritik, denn Lissabon ließ sich nur noch schwerlich als Vorsehung deuten. Von christlicher Warte aus war die Stadt nicht dermaßen sündhaft wie etwa Port Royal auf Jamaika, das 50 Jahre zuvor von einem Beben heimgesucht wurde. Wenn es aber eine Metropole wie Lissabon traf, musste die Frage gestellt werden, warum London oder Paris von Gottes Strafe verschont wurden. Natürlich blieben dogmatische Legitimationen nicht aus, sie stießen nur vermehrt auf Widerspruch. So wurde die Tatsache, dass Lissabon aufgrund seiner Lage Ausgangspunkt vieler Forschungsexpeditionen und kolonialer Feldzüge war, zum Anlass genommen, das Erdbeben als Fingerzeig Gottes aufzufassen (Neiman, 2006, S. 353ff.). Portugal – so der Befund – hatte Frevel auf sich geladen, und Gott habe daher eine Warnung gesandt. Zur Untermauerung wurden zahlreiche Bibelbelege bemüht, die das Ereignis ankündigen sollten. Wieder andere sahen in dem Umstand, dass

Portugal eine Heimstätte des Jesuitenordens war, einen Wink Gottes gegen die Inquisition – schließlich fiel der Tag der Katastrophe auf Allerheiligen, und in der Stadt hielten sich mehr Menschen als üblich auf. Die Ereignisse konnten aber auch als Hinweis auf die Unergründlichkeit Gottes gedeutet werden. Jedenfalls konnte nach Lissabon keiner so einfach zum Tagesgeschäft übergehen. Die Philosophie war nicht mehr willens, die Eingriffe Gottes oder der Natur als Bestrafung oder Schicksal klaglos hinzunehmen. Mit einem Bonmot Adornos reichte »[d]as Erdbeben von Lissabon [...] hin, Voltaire von der Leibniz'schen Theodizee zu kurieren [...]« (Adorno, 2003d [1966], S. 354). Im Zuge dieser Kur setze auch ein zunehmendes Bewusstsein der Verletzbarkeit ein. Goethes nachträgliche Betrachtungen zeigen die eingeschlagene Richtung der Erkenntnis an. In der Sprache der Psychoanalyse bildet Lissabon ein kollektives Trauma. Suchte die Theodizee noch die Übereinstimmung von Glaube und Vernunft zu beweisen, waren nach Lissabon fundamentale Zweifel an der Vernunft der göttlichen Ordnung gesät. Doch nicht nur Gott wurde fehlbar, auch der Mensch erschien nun verletzlich. Die ersten Anfänge einer ideologiekritischen Geschichtsphilosophie, die auf die mangelnde Übereinstimmung von Denken und Sein hinwies, offenbarten so den Zusammenhang von Elend und Emanzipation. Krankheiten, Leiden und Armut müssen nun nicht mehr einfach als unabänderliches Schicksal hingenommen werden, sondern sind durch die Menschen bzw. die Gesellschaft zumindest mitbedingt und können daher auch überwunden werden. Nachdem Gott aus seiner Verantwortung entlassen wurde, rückte der Mensch mit dem neuzeitlichen Humanismus an dessen Position. Es sollte Religionskritikern wie Feuerbach, Nietzsche oder Freud überlassen bleiben, Gott als menschliche Empfindung zu erkennen (Feuerbach), Gott für tot zu erklären (Nietzsche) oder Gott als unbewusste Projektion zu entlarven (Freud).

Das Elend ist von nun an die Forderung nach dessen Linderung oder Aufhebung geknüpft. Dies ist auch ein Ergebnis der intellektuellen Erschütterungen durch Lissabon, die im kulturellen Gedächtnis verankert sind. Auch gegenwärtig stellt sich die Schuldfrage mit jeder Katastrophe neu. Zudem sind die Unkenrufe, die Katastrophen auf göttliche oder dämonische Strafordnungen zurückführen, nicht verstummt – sie haben jedoch nicht mehr die Deutungshoheit inne. Während Waldbrände oder Überschwemmungen eindeutig dem menschengemachten Klimawandel zugeordnet werden müssen, sind Erdbeben primär Naturkatastrophen, die in aller Regel auf die Verschiebungen der tektonischen Platten zurückgeführt werden können. Der Beginn der modernen Verwendung des Begriffs »Naturkatastrophe« in Verbindung mit dem Adjektiv »natürlich« wird von François Walter (2010) auf die Mitte des 20. Jahrhunderts datiert (ebd., S. 144). Dadurch lassen sich solche Naturkatastrophen leichter in das vorherrschende Weltbild integrieren – und eine Rückkehr zur Normalität stellt kein ideologisches Problem mehr da. Gleichwohl werden auch an Naturkatastrophen wie Erdbeben die verheerenden Folgen menschenverursachten Elends bzw. kapitalistischer Profitlogik sichtbar. So verraten marode Bauten viel über ein System, dem Bedürfnisse bloße Mittel zum Zweck der Kapitalakkumulation sind. Darauf werden wir im nächsten Kapitel zu sprechen kommen.

2 Die Verelendung der Armen

Oder über das Ausbleiben der Revolution

> »Überall barbarische Gleichgültigkeit, egoistische Härte auf der einen und namenloses Elend auf der andern Seite.«
>
> *Friedrich Engels (1962 [1845], S. 257)*

> »Ich kenne nur eine Art von Windstoß, der die Fenster der Häuser weiter zu öffnen vermag: das gemeinsame Leid.«
>
> *Max Horkheimer (1987 [1934], S. 314)*

Im November 1842 reiste der Sohn eines erfolgreichen Baumwollfabrikanten aus Wuppertal nach Manchester, um dort die kaufmännische Ausbildung in der Baumwollspinnerei Ermen & Engels, einem Partner seines Vaters, zu beenden. 21 Monate später kehrte der erst 24-jährige junge Mann zurück nach Deutschland und brachte seine Eindrücke des Aufenthaltes im damaligen Herzen des Industriekapitalismus zu Papier. Das Ergebnis stellt zweifellos eine Pionierarbeit der empirischen Sozialforschung dar und wird von der UNESCO als »Meisterstück der ökologischen Analyse« gewürdigt (Peter, 2001, S. 188). Der Autor war kein geringerer als Friedrich Engels, der mit seiner Schrift *Die Lage der arbeitenden Klasse in England* im Jahr 1845 ein Standardwerk des Marxismus veröffentlichen sollte. Engels formulierte eine Anklage des Elends und die gleichzeitige Solidaritätserklärung mit dem englischen Proletariat. Das Vorwort wird mit einer aufschlussreichen Widmung an die englische Arbeiterklasse eröffnet:

> »Arbeiter! Euch widme ich ein Werk, in dem ich den Versuch gemacht habe, meinen deutschen Landsleuten ein treues Bild eurer Lebensbedingungen, eurer Leiden und Kämpfe, eurer Hoffnungen und Perspektiven zu zeichnen. Ich habe lange genug unter euch gelebt, um einiges von euren Lebensumständen zu wissen; ich habe ihrer Kenntnis meine ernsteste Aufmerksamkeit gewidmet; ich habe die verschiedenen offiziellen und nichtoffiziellen Dokumente studiert, soweit ich die Möglichkeit hatte, sie mir zu beschaffen – ich habe mich damit nicht begnügt, mir war es um mehr zu tun als um die nur abstrakte Kenntnis meines Gegenstandes, ich wollte euch in euren Behausungen sehen, euch in eurem täglichen Leben beobachten, mit euch plaudern über eure Lebensbedingungen und Schmerzen, Zeuge sein eurer Kämpfe gegen die soziale und politische Macht eurer Unterdrücker« (Engels, 1962 [1845], S. 229).

Knapp hundert Jahre nach dem Erdbeben von Lissabon hatte sich der Diskurs über das Elend grundlegend gewandelt. Die Säkularisierung und Verwissenschaftlichung der Frage nach dessen Ursachen kam mit Riesenschritten voran und beschäftigte neben der Philosophie und Theologie die sich neu formierenden Disziplinen der Nationalökonomie, Soziologie oder Pädagogik. Der Materialismus entwickelte durch seine Auseinandersetzung mit dem sozialen Elend einen Gesellschaftsbegriff, der nun nicht mehr gottgegeben, sondern klassenförmig geprägt war. Das Leid wurde zum Brennglas, unter dem sich das Elend des Pauperismus mit seinen Missernten, Hungersnöten und Seuchen nun zur sozialen Frage verdichtete. Dabei nahm das Elend eine paradoxe Doppelfunktion ein, insofern es Ursache und Lösung dieser Frage bildete – die Kategorie der *Verelendung* trat auf den Plan.

Das Frühwerk von Engels kann in vielerlei Hinsicht als Prototyp der empirischen Sozialforschung gelten. Denn anders als man nach den ersten Zeilen aus dem Vorwort vielleicht meinen könnte, handelt es sich um keine rein moralische Verurteilung des Elends der Armen. Vielmehr versucht sich Engels an einer neuen Kritikform, die von Bohlender (2007) als eine »Rhetorik des Faktischen, der Nüchternheit und der Evidenzen« (ebd., S. 11) bezeichnet wird. Das Elend ist nun ein soziales und mithin kapitalistisches Problem, das objektiv vorzuliegen scheint und dessen Augenzeuge der Autor selbst ist. Folglich lautet der Untertitel des Werkes »Nach eigner Anschauung und authentischen Quellen«. Engels beruft sich auf statistische Erhebungen, die nicht zuletzt von der britischen Regierung veranlasst wurden, aber auch auf wissenschaftliche Analysen und Bücher bürgerlicher Autor:innen. Warum aber gerade *bürgerliche* Autor:innen? Gab es nicht genug Material, das bereits von Frühsozialisten und Utopisten zusammengetragen wurde? Ähnlich wie sein späterer Weggefährte Marx möchte Engels die Bourgeoisie mit ihren eigenen Waffen schlagen. Daher bietet ein abtrünniger Konservativer wie Thomas Carlyle eine geeignete Referenz und nimmt in Engels' Werk eine zentralere Stellung ein als beispielsweise der Sozialist Robert Owen. Und dennoch stellt das Buch keine wissenschaftliche Monografie im heutigen Verständnis dar, denn der Text bildet in der Darstellung bereits eine Kritik des Elends, indem versucht wird, das gesamte Spektrum der proletarischen Lebensweise zu erfassen. Die Summe der einzelnen Lebensteile bildet die Wahrheit des Leids. Engels beschreibt detailliert die Arbeits-, Lebens-, Wohn- und Gesundheitszustände des Proletariats. Mehr noch: Er legt eine soziale Topografie des städtischen Raums an, indem er die Situation an unterschiedlichen Orten beschreibt, die gleichwohl derselben kapitalistischen Entwicklung ausgesetzt sind. Neben die Analyse von Fabrikstädten wie Nottingham, Birmingham, Glasgow, Leeds, Bradford und Huddersfield treten detaillierte Beobachtungen der Bebauung von Arbeitervierteln in London, Manchester oder Liverpool. Schließlich erfolgt eine dichte Beschreibung der Lebensumstände einzelner Familien:

> »Montag, den 15. Januar 1844 wurden zwei Knaben vor das Polizeigericht von Worship Street, London, gebracht, weil sie aus Hunger einen halbgekochten Kuhfuß von einem Laden gestohlen und sogleich verzehrt hatten. Der Polizeirichter sah sich veranlaßt, weiter nachzuforschen, und erhielt von den Polizeidienern bald folgende Aufklärung: Die Mutter dieser Knaben war die Witwe eines alten Soldaten und späteren Polizeidieners, der es seit dem Tode ihres Mannes mit ihren neun Kindern sehr schlecht ergangen war. Sie wohnte Nr. 2, Pool's Place, Quaker Street, Spitalfields, im größten Elende. Als der Polizeidiener zu ihr kam, fand er sie mit sechs ihrer Kinder in einem kleinen Hinterstübchen buchstäblich zusammengedrängt, ohne Möbel, ausgenommen zwei alte Binsenstühle ohne Boden, einen kleinen Tisch mit zwei zerbrochenen

> Beinen, eine zerbrochene Tasse und eine kleine Schüssel. Auf dem Herde kaum ein Funken Feuer, und in der Ecke so viel alte Lumpen, als eine Frau in ihre Schürze nehmen konnte, die aber der ganzen Familie zum Bette dienten. Zur Decke hatten sie nichts als ihre ärmliche Kleidung. Die arme Frau erzählte ihm, daß sie voriges Jahr ihr Bett habe verkaufen müssen, um Nahrung zu erhalten; ihre Bettücher [sic!] habe sie dem Viktualienhändler als Unterpfand für einige Lebensmittel dagelassen, und sie habe überhaupt alles verkaufen müssen, um nur Brot zu bekommen« (Engels, 1962 [1845], S. 262f.).

Engels unternimmt in seiner Auseinandersetzung erste stadtsoziologische Gehversuche, bei denen Tendenzen beschrieben werden, die heute unter die Begriffe »Segregation«, »Verdichtung« oder »Verdrängung« gefasst werden. Dabei prägt der Grundantagonismus von Bourgeoisie und Proletariat den Städten den Stempel des sozialen Ausschlusses auf. Während die Bourgeoisie zunehmend in Distanz zu den Fabriken und lärmenden Straßen geht, entwickeln sich Arbeiter- und Elendsviertel ohne ausreichende hygienische Versorgung. In Engels Worten erkauft sich die Bourgeoisie über die Armensteuer das Recht, »weiter nicht behelligt zu werden« (ebd., S. 489). Kommerzielle Viertel und elegante »Bourgeoisiebezirke« führen sternförmig in die Zentren der Städte »um vor den Augen der reichen Herren und Damen mit starkem Magen und schwachen Nerven das Elend und den Schmutz zu verbergen, die das ergänzende Moment zu ihrem Reichtum und Luxus bilden« (ebd., S. 279).

Diese Beobachtungen wirken erstaunlich aktuell und können durchaus als Vorläufer heutiger Maßnahmen gelten, die das Elend aus den Städten zu verbannen versuchen. Der Kampf gegen Obdachlosigkeit, das Betteln oder Jugendliche in Innenstädten verkleidet sich im Neoliberalismus freilich in ein präventives Gewand. So fällt die *defensive Architektur*, die mittlerweile auch das Bild der Innenstädte prägt, erst auf den zweiten Blick auf: Unebene Sitzbänke, Sprinkler-Anlagen an Häusern oder laute Musik an Bahnhofsvorplätzen sorgen dafür, dass ein ungestörtes Shoppingerlebnis für diejenigen, die es sich leisten können, gewährleistet bleibt.

Schließlich erweist sich eine Bemerkung Engels über eine »ungewöhnliche[] Tätigkeit, die die Gesundheitspolizei zur Cholerazeit in Manchester entwickelte«, als Erinnerung an die Gegenwart, genauer an die staatlichen Eindämmungsmaßnahmen während der COVID-19-Pandemie. So heißt es bei Engels bezüglich der Cholera-Epidemie 1832 bzw. 1833:

> »Als nämlich diese Epidemie herannahte, befiel ein allgemeiner Schrecken die Bourgeoisie dieser Stadt; man erinnerte sich auf einmal der ungesunden Wohnungen der Armut und zitterte bei der Gewißheit, daß jedes dieser schlechten Viertel ein Zentrum für die Seuche bilden würde, von wo aus sie ihre Verwüstungen nach allen Richtungen in die Wohnsitze der besitzenden Klasse ausbreite. Sogleich wurde eine Gesundheitskommission ernannt, um diese Bezirke zu untersuchen und über ihren Zustand genau an den Stadtrat zu berichten« (ebd., S. 295).

Auch heute sind die SARS-Varianten, deren bekannteste zweifelsohne der Typ SARS-CoV-2 wurde, ein Produkt zu enger und unhygienischer Lebensräume, die Engels einst prototypisch beschrieb und die heute vor allem in der kapitalistischen Peripherie aufzufinden sind. Trotz einer global gespaltenen Welt erweist die klassenlose Übertragung der Viren »auf negative Weise die Einheit der Menschheit« (Krug, 2022, S. 41). Für Engels garantierte dagegen die hierarchische Verteilung des Elends noch die Einheit der Klasse. Mit einer Zuspitzung der Krise sah er unweigerlich die proletarische Revolution heraufdämmern. So prognostiziert er am Ende seines Werkes ein Überflüssig-Werden des Proletariats, das nun keine andere Wahl mehr hat, »als zu verhungern oder – zu revolutionieren« (Engels, 1962 [1845], S. 503). Allein der über die pure Verbitterung hinausweisende Grad des kommunistischen Bewusstseins des Proletariats entscheidet über das Ausmaß des Blutvergießens im Falle einer Revolution. Für diesen gleichsam mechanischen Verlauf werden von Engels medizinische Metaphern in Anschlag gebracht, die fast einen naturgesetzlichen Verlauf heraufbeschwören:

> »Denn der Verlauf der sozialen Krankheit, an der England leidet, ist derselbe wie der einer physischen Krankheit; sie entwickelt sich nach gewissen Gesetzen und hat ihre Krisen, deren letzte und heftigste über das Schicksal des Kranken entscheidet. Und da die englische Nation bei dieser Krisis doch nicht untergehen kann, sondern erneut und wiedergeboren aus ihr hervorgehen muß, so kann man sich nur über alles freuen, was die Krankheit auf die Spitze treibt« (ebd., S. 351).

Engels hier geleistete Transformation der Verelendungstendenzen in eine Revolutionstheorie sollte noch Generationen von marxistischen Debatten beschäftigen und befeuern. Die

Philosophin Bini Adamczak (2017) spricht diesbezüglich von einem »Revolutionsfetisch« (ebd., S. 24), der in der Verkehrung von Mittel und Zweck besteht. Indem gesellschaftliche Zusammenhänge analog zu Naturgesetzlichkeiten aufgefasst wurden, galt es als wissenschaftlich gesichert, dass die Menschheit nicht trotz, sondern *wegen* des Elends einem Automatismus der Befreiung unterworfen sei. Diskutiert werden müsse lediglich noch die Verwaltung der Revolution, nicht mehr deren generelle Möglichkeit und Verfasstheit – eine Geschichtsteleologie, die im Übrigen von den späteren Schriften Karl Marx' nicht gedeckt ist.

Während sich Voltaire angesichts des weltlichen Leids von Gott ab- und der Natur zugewandt hatte, prognostizierte Engels eine mit dem Elend einhergehende Naturgeschichte der Revolution. Diese Vorherbestimmung der Revolution prägte auch noch den Ton des drei Jahre später zusammen mit Marx verfassten *Kommunistischen Manifests*. Marx sollte sich jedoch alsbald von jenem Geschichtsautomatismus, den das reale Elend gleichsam als metaphysische Hoffnung gebar, verabschieden. Spätestens 1852, als Marx in seinem *Achtzehnten Brumaire* die Geschichte des Scheiterns der bürgerlichen wie der proletarischen Revolution schrieb, war die siegesgewisse Rhetorik verschwunden. Im *Kapital* bildet schließlich nicht mehr das Proletariat, sondern der Wert das politische Subjekt. Das Elend wird hier nicht mehr mit der Revolution, sondern mit der Mehrwertakkumulation in Verbindung gebracht: Das Wertgesetz bedingt

> »eine der Akkumulation von Kapital entsprechende Akkumulation von Elend. Die Akkumulation von Reichtum auf dem einen

Pol ist also zugleich Akkumulation von Elend, Arbeitsqual, Sklaverei, Unwissenheit, Brutalisierung und moralischer Degradation auf dem Gegenpol, d.h. auf Seite der Klasse, die ihr eigenes Produkt als Kapital produziert« (Marx, 1975 [1867], S. 675).

Knapp 50 Jahre nach der Veröffentlichung bewertet Engels sein bereits zum damaligen Zeitpunkt zum Klassiker avanciertes Werk neu: Dieses trage im »guten wie im schlechten [...] den Stempel der Jugend des Verfassers« (Engels, 1977 [1892], S. 316). So räumt Engels ein, dass der »beschriebne Stand der Dinge [...] heute – wenigstens was England angeht – größtenteils der Vergangenheit« (ebd.) angehöre. Das Bürgertum hatte die von Engels angeprangerten Zustände weitestgehend reformiert. Dazu trugen nicht zuletzt Seuchen und Epidemien bei: »Die wiederholten Heimsuchungen durch Cholera, Typhus, Pocken und andre Epidemien haben dem britischen Bourgeois die dringende Notwendigkeit eingetrichtert, seine Städte gesund zu machen, falls er nicht mit Familie diesen Seuchen zum Opfer fallen will« (ebd., S. 319). Der junge Engels erkannte noch nicht, dass auch die Bourgeoisie die von ihm herangezogenen authentischen Quellen nutzte, um zumindest das größte Elend zu mildern und darüber soziale Unruhen einzudämmen.

Auch in der Pädagogik sollte Engels' Methode schulbildend wirken. So griff Otto Rühle zu Beginn des 20. Jahrhunderts die Verortung des Elends unter dem Aspekt der Kindheit wieder auf: 1911 brachte er seine Untersuchung *Das proletarische Kind* heraus, die 1922 eine aktualisierte Auflage erfuhr und zur Hauptreferenz über das Elend der Kinder werden sollte. Weniger aufrüttelnd, dafür den Versuch unternehmend, die Sozialisationsmechanismen in den proletarischen Familien zu bestimmen, ist dagegen die Studie von Otto Felix Kanitz zum *Proletarischen Kind in der bürgerlichen Gesellschaft* aus dem Jahr 1925. Engels wurde so – ungeachtet seiner Verelendungstheorie – zum geistigen Vater einer *Sozialistischen Pädagogik*, für die die Einnahme des Standpunkts der Arbeiterklasse und die Frage nach dem sozialen Ort der Erziehung charakteristisch war, und die wiederum mit einer Kritik der klassischen Familienerziehung einherging (Burghardt & Höhne, 2018; Schmied-Kowarzik, 1988). Unterdessen behielt Engels Recht, wenn er eine Verlagerung des Elends in andere Länder festhält: »Während aber England dem von mir geschilderten Jugendstand der kapitalistischen Ausbeutung entwachsen ist, haben andre Länder ihn eben erst erreicht« (Engels, 1977 [1892], S. 320).

Seit dieser Diagnose reißen die Debatten über die Integrationskraft des Kapitalismus nicht ab. Insbesondere der orthodoxe Marxismus sah sich nach der gescheiterten Novemberrevolution in Deutschland mit dem Widerspruch konfrontiert, dass der Klassenantagonismus zwar fortexistierte, die revolutionären Prophezeiungen jedoch ausblieben. Es setzt eine Phase ein, die – mit einem Buchtitel von André Gorz ausgedrückt – schrittweise »Abschied vom Proletariat« nehmen sollte. Dabei richtete Gorz sein Augenmerk auf die von Marx vernachlässigten kapitalistischen Entwicklungspotenziale, die eine Krise der Theorie wie der emanzipatorischen Praxis bedeuten:

> »Über alle Erwartungen hinaus ist es dem Kapital gelungen, den Einfluss der Arbeiter auf die Produktion zu brechen. Es hat

> es verstanden, die gigantische Expansion des Produktionspotentials mit der Zerstörung der Arbeiterautonomie zu kombinieren. Eine zunehmend komplexere und mächtigere Maschinerie wurde der Aufmerksamkeit von Arbeitern mit immer engeren Fähigkeiten anvertraut. Das Kapital hat erreicht, dass diejenigen, die riesige Maschinen beherrschen, ihrerseits in der und durch die Herrschaftsarbeit beherrscht werden« (Gorz, 1984 [1980], S. 22).

Die Kritik des französischen Marxisten Gorz stieß Anfang der 1980er Jahre innerhalb der europäischen Linken auf große Resonanz. Dabei teilten Intellektuelle bereits lange vor Gorz' Intervention den fundamentalen Befund einer Krise des Marxismus, die auf einen umfassenden Strukturwandel der Klassengesellschaft zurückgeführt wurde. So war es bereits in den 1920er Jahren ein wesentliches Anliegen der Kritischen Theorie, zu deren innerem Kreis Intellektuelle wie Friedrich Pollock, Max Horkheimer, Theodor W. Adorno, Leo Löwenthal, Erich Fromm, Herbert Marcuse oder Walter Benjamin gehörten, die geschichtsdeterministische Hoffnung des orthodoxen Marxismus auf die revolutionäre Kraft des Proletariats hin zu reflektieren, ohne dabei dessen materialistische Grundlage aufzugeben (Voller, 2022). Vom Elend der Arbeiter erschüttert, ging Max Horkheimer, der sich in den 1930er Jahren als strenger Marxist begriff, zunächst davon aus, dass den Nationalsozialisten »nur durch revolutionäre Aktion entgegenzutreten sei« (Horkheimer, 1991 [1976], S. 9). Alsbald sah man sich jedoch mit der Frage konfrontiert, warum mit den marxistischen Theoriegebäuden das Ausbleiben der praktischen Befreiung nicht erklärt werden konnte. So sollte der Materialismus Horkheimer zufolge »sich selbst als die theoretische Seite der Anstrengungen zur Abschaffung des vorhandenen Elends« (Horkheimer, 1970 [1933], S. 180) begreifen und seine Hoffnungen nicht mehr auf einen prädeterminierten Verlauf der Geschichte setzen. Die Revolutionen bildeten nun nicht mehr die Marx'sche Lokomotive der Weltgeschichte, sondern gerieten – um Walter Benjamins bekanntes Diktum aufzugreifen – zum Griff des Menschengeschlechts nach der Notbremse. Um das nun konformistisch auftretende Bewusstsein des Proletariats zu begreifen, wurde der Ansatz des Marxismus um eine psychoanalytische Dimension erweitert – ich werde im nächsten Kapitel darauf zurückkommen. Darüber wurde der geschichtlichen Entwicklung theoretisch Rechnung getragen. War man in den 1920er Jahren noch mit dem Ziel angetreten, nach dem Ausbleiben der Revolution den Marxismus auf sich selbst anzuwenden, rückte mit der Faschisierung der Gesellschaft zunehmend die autoritäre Verdinglichung der Einzelnen ins Zentrum der Analyse.

Diese Entwicklung spiegelt sich in einem knapp 100 Jahre nach Engels' Werk erschienenen Aufsatz Theodor W. Adornos mit dem Titel »Reflexionen zur Klassentheorie« wider: Adorno konstatiert darin einen »Doppelcharakter der Klasse« (Adorno, 2003a [1942], S. 379), der es notwendig macht, dass am Begriff der Klasse festgehalten wird und er zugleich zu verändern ist:

> »Festgehalten: weil sein Grund, die Teilung der Gesellschaft in Ausbeuter und Ausgebeutete, nicht bloß ungemindert fortbesteht[,] sondern an Zwang und Festigkeit zunimmt. Verändert: weil die Unterdrückten, heute nach der Voraussage der Theo-

rie die übergroße Mehrheit der Menschen, sich selber nicht als Klasse erfahren können« (ebd., S. 378).

Adorno nimmt in seiner Beobachtung einen Wandel vorweg, der mit dem Aufkommen einer neuen Mittelklasse im Nachkriegsdeutschland erst richtig an Fahrt aufnehmen sollte. Entgegen der konservativen Redensart von der »nivellierten Mittelschicht« (Schelsky), hält Adorno streng an der Marx'schen Kapital- und Klassenanalyse fest: Charakteristisch für diese ist das Zusammenspielen eines Klassenantagonismus auf der einen und eines formalen Gleichheitsverhältnis auf der anderen Seite, wodurch es für die Klasse der Kapitalist:innen vertraglich abgesichert möglich wird, sich die Mehrarbeit der Lohnabhängigen *anzueignen*, ergo, jene *auszubeuten*. Diese konzise Formel von Marx wurde seit ihrer Aufstellung vor über 150 Jahren mindestens so oft als überholt wie belegt diskutiert. Mit jeder aufkommenden Krise, sei diese nun finanzbasiert wie 2007ff., pandemisch wie 2020ff. oder durch Inflationen verursacht, erlebt Marx neue Weihen. Zuletzt hat Thomas Piketty in seinem Bestseller *Das Kapital im 21. Jahrhundert* eine Korrelation von Einkommensverteilung und Vermögenskonzentration über die Auswertung von Steuerdaten versucht empirisch zu belegen. Vielleicht löste Pikettys Buch auch deshalb einen derartigen Hype aus, da die empirischen Belege für die wachsende Ungleichheit sowohl innerhalb der kapitalistischen Zentren als auch zwischen diesen und der Peripherie kaum mehr von der Hand zu weisen sind. Oxfam stellt in seinem Bericht aus dem Jahr 2023 mit dem Titel »Survival of the Richest« fest, dass seit Beginn der Corona-Pandemie das reichste Prozent der

Weltbevölkerung rund zwei Drittel des weltweiten Vermögenszuwachses eingestrichen hat. Dabei besaß ersteres bereits vor der Pandemie mehr als die ärmeren 6,9 Milliarden Menschen auf diesem Planeten. Die vertikale, klassenspezifische Ungleichheit nimmt also in allen Gesellschaften – sowohl des globalen Nordens wie des Südens – zu.

Bedeutsam scheint daher weniger das Festhalten am Begriff einer Klassengesellschaft als die Analyse des ausbleibenden Klassenbewusstseins durch die frühe Kritische Theorie – eine Problemstellung, die für Engels noch nicht denkbar und notwendig schien. Hier macht Adorno auch den wunden Punkt des orthodoxen Marxismus aus:

> »Die Stelle der marxistischen Klassenlehre, die der apologetischen Kritik am offensten sich darbietet, scheint die Verelendungstheorie. Das gemeinsame Elend macht die Proletarier zur Klasse […]. So wird das Elend selber zur Kraft der Revolution, die das Elend überwinden soll. Die Proletarier haben nichts zu verlieren außer ihre Ketten und alles zu gewinnen« (ebd., S. 383).

Er beobachtet, dass weder das geteilte Elend noch ein daraus resultierendes gemeinsames Bewusstsein den Klassenbegriff definieren. An anderer Stelle heißt es lapidar: »Klasse war durch die Stellung zu den Produktionsmitteln bestimmt, nicht durchs Bewußtsein ihrer Angehörigen« (Adorno, 2003e [1968], S. 358). Die bereits von Engels festgehaltene Verringerung des Elends durch einen verbesserten Lebensstandard entkräftet also nicht die Marx'sche Klassenanalyse, sondern ist auf »außerökomische« Tendenzen zurückzuführen. Arbeit und Elend treten vor allem dank staatlicher Interventionen sukzessive auseinander. Adorno spricht diesbezüglich von »Zugabe, Trinkgeld im Sinne der Herrschenden«. Mehr noch: »Die Prognose von Marx ist auf ungeahnte Weise verifiziert: die herrschende Klasse wird so gründlich von fremder Arbeit ernährt, daß sie ihr Schicksal, die Arbeiter ernähren zu müssen, entschlossen zur eigenen Sache macht [...]« (Adorno, 2003a [1942], S. 386).

Auch wenn Adorno vorgehalten werden könnte, dass seine frühe Klassenanalyse noch keine global entfaltete Weltmarktkonkurrenz für die Entwicklung des Elends berücksichtigt habe, gibt er die Verelendungstheorie aus guten Gründen auf. Diese wirke vor allem deshalb eindimensional und geschichtsteleologisch, weil sie die List der Herrschenden und die Ohnmacht der Beherrschten verkennt. »Die modifizierten Umstände stehen exterritorial zum System der politischen Ökonomie, aber zentral in der Geschichte der Herrschaft« (ebd., S. 385). An die Stelle der Verelendung treten nun sozialpsychologisch gesättigte Begriffe wie »Ohnmacht«, »Verdinglichung« oder »Konformismus«. Anders als der Hilfsbegriff der *relativen Verelendung* durch sozialdemokratische Marxisten wie Kautsky oder Bernstein gilt es für Adorno, die Marx'sche Theorie, die sich auf die »Psychologie der Arbeiterklasse nicht eingelassen« (ebd., S. 389) hat, konsequent auf sich selbst anzuwenden und keiner Revision zu unterziehen: »Die gesellschaftliche Ohnmacht des Proletariats, in der die auseinanderweisenden Tendenzen ökonomischer Verelendung und extra-ökonomischer Besserung des Lebensstandards resultieren, ist als solche von der Theorie nicht vorausgesagt worden« (ebd., S. 388). Durch die so vollzogene

Abkehr von der Revolutions- und Verelendungstheorie ist Freud ins Blickfeld des undogmatischen Marxismus getreten. Erst mittels der Psychoanalyse kann also das Einsickern äußerer Zwänge in die Charakterstruktur der Individuen hinreichend beschrieben werden. Das Bewusstsein des nun zur Mittelschicht aufgestiegenen Proletariats erscheint demnach weniger revolutionär als konformistisch, die Bedürfnisse weniger bewusst als verdinglicht. Unter dem vom ungarischen Philosophen Georg Lukács geborgten Begriff der *Verdinglichung* fasst Adorno einen Prozess, wonach die Menschen »vermöge ihrer Bedürfnisse und der allgegenwärtigen Anforderungen des Systems, wahrhaft zu dessen Produkten geworden [sind]« (ebd., S. 390). Eine ähnliche Entwicklung wird Adorno später auch im Hinblick auf den Bildungsbegriff verzeichnen, der in seiner Analyse zur »Halbbildung« verflacht: »Im Klima der Halbbildung überdauern die warenhaft verdinglichten Sachgehalte von Bildung auf Kosten ihres Wahrheitsgehalts und ihrer lebendigen Beziehung zu lebendigen Subjekten. Das etwa entspräche ihrer Definition« (Adorno, 2003c [1959], S. 103). Zur Beschreibung dieses Klimas greift Adorno abermals auf genuin Marx'sche Formbestimmungen und sozialpsychologische Dynamiken zurück: »Halbbildung ist der vom Fetischcharakter der Ware ergriffene Geist« (ebd., S. 108). Dessen Träger:innen wiederum gewinnen als Gratifikation die Teilhabe am kollektiven Narzissmus des »allseitigen Bescheidwissens« (ebd., S. 116).

Die halbgebildete Bourgeoisie und das dem unmittelbaren Elend entronnene Proletariat verkörpern je subjektive Passungstypen an ein System der Konkurrenz. Die Klassengesellschaft besteht innerhalb eines verdinglichten Gesamtzusammenhangs fort, dessen Bann keine soziale Lage und kein kollektives Bewusstsein mehr bricht. Adorno bringt hier die Kategorie der gesellschaftlichen Totalität in Anschlag, aus der niemand mehr herausfällt, nicht einmal das Elend selbst: So enden die »Reflexionen zur Klassentheorie« negativ und nicht mehr revolutionär:

> »Entmenschlichung ist keine Macht von außen, keine wie immer geartete Propaganda, kein Ausgeschlossensein von Kultur. Sie ist gerade die Immanenz der Unterdrückten im System, die einmal wenigstens durch Elend herausfielen, während heute ihr Elend ist, daß sie nicht herauskönnen […]« (Adorno, 2003a [1942], S. 391).

Gegenwärtig ist eine erneute Hinwendung zum sozialen Analysepotenzial von Klassentheorien zu beobachten. Indessen steht dabei weniger die Lage des Proletariats im Vordergrund, sondern vielmehr die Erosion der Mitte der Gesellschaft. Angesichts der Zunahme an Abstiegssorgen, Statusängsten und Prekarisierungstendenzen insbesondere in der sogenannten »Mittelschicht« spricht Klaus Dörre (2018) von einer »demobilisierten Klassengesellschaft« und Oliver Nachtwey (2016) von einer »Abstiegsgesellschaft«. Dieser Trend ist neu. So war die unmittelbare Nachkriegsgesellschaft, also die Phase, in der Adorno seinen Einfluss auf die intellektuelle Landschaft entfaltete, noch durch die Idee des sozialen Aufstiegs durch eigene Leistung (vor allem durch Bildung) geprägt und stattete die bestehende Ordnung mit hoher Legitimität aus. Wohl auch vor diesem Horizont verschob Adorno seine Analyse in den ideologiekritischen Bereich der Verdinglichung des Bewusstseins. Davon ist heute nur noch in kleinen Zirkeln die Rede. Großen Nachhall verursachte dagegen Ulrich Becks *Individualisierungsthese* als Reaktion auf die soziale Differenzierung in den kapitalistischen Zentren, mit der eine Pluralisierung der Lebensentwürfe und eine Erhöhung des allgemeinen Lebensstandards einherging. Biografien und Berufswege verlaufen nun diskontinuierlich und weitaus weniger linear als in der Hochphase des Fordismus, den Adorno noch vor Augen hatte. Beck ging Mitte der 1980er Jahre sogar soweit, sich von sozialen Klassen gänzlich zu verabschieden. In seinem Bestseller *Risikogesellschaft* (1986) heißt es noch: »Wir leben trotz fortbestehender und neu entstehender Ungleichheiten heute in der Bundesrepublik bereits in Verhältnissen jenseits der Klassengesellschaft [...].« Die daraus folgende Analyse eines *Fahrstuhleffekts*, wonach die Klassengesellschaft zwar bestehen bliebe, insgesamt jedoch »eine Etage höher gefahren« (ebd., S. 122) wird, hielt sich hartnäckig in den Debatten. Mittlerweile entspricht eher das Bild einer nach unten fahrenden Rolltreppe den Realitäten in den Zentren des Kapitalismus. Dabei muss ein beträchtlicher Teil der gesellschaftlichen Mitte große Anstrengungen unternehmen, um zumindest auf dem Fleck zu bleiben und so den sozialen Status zu erhalten. Unterhalb dieser Klasse hat sich einstweilen eine neue »Unterklasse« (Dörre, 2018, S. 45) etabliert, »die in allen entwickelten Kapitalismen bis zu 15 Prozent der Bevölkerung ausmach[t]«. Sie weist strukturell durchaus Parallelen zu dem von Marx und Engels in nicht besonders rosigem Licht gezeichneten *Lumpenproletariat* auf. Bei Engels waren dies noch die durch *Rohheit*, *Trunksucht* und *Unreinlichkeit* gebrandmarkten Iren, denen er ein eigenes Kapitel widmet (Engels, 1962 [1845], S. 320ff.). Später wird auch Marx die Gestalt des Pauper als Personifikation des Elends aufgreifen und in einer Art und Weise beschreiben, die heute mit Fug und Recht als rassistisch gelten würde. Das Lumpenproletariat bildete für Marx und Engels eine Projektionsfläche sämtlicher Leiden, die der Kapitalismus hervorbringt. Durch seine Funktion als Reservearmee untergräbt es zudem das Assoziationspotenzial der arbeitenden Klasse und bleibt letztlich passiv und reaktionär.

Für die derzeitige Unterklasse hält Dörre lediglich Strukturmechanismen fest:

> »Unterklassen [...] sind kein neues Proletariat und sie sind auch nicht mit einem auf unsichere Beschäftigung angewiesenen Prekariat identisch, das sich aus unterschiedlichen Klassen(fraktionen) rekrutiert. Vielmehr handelt es sich um eine Klasse, die durch Enteignung von Sozialeigentum, sozialen Ausschluss, vorurteilsgeleitete Stigmatisierung und systematische Abwertung nicht nur der sozioökonomischen Klassenposition, sondern auch ihres sozialräumlichen Umfelds entsteht« (Dörre, 2018, S. 45).

Eine weniger mechanische, aber dennoch peinlich genaue Anwendung der Lebensweise einer Klasse auf die gesellschaftliche Wirklichkeit offenbart sich in Form von Selbstauskünften in Pierre Bourdieus Studie zum *Elend der Welt* oder in den autobiografischen Betrachtungen Didier Eribons – wir werden im vierten Kapitel darauf zurückkommen. Demgegenüber findet momentan eine Verschiebung des Blickwinkels der Klassenanalyse hin zu kulturellen Praktiken der Lebensführung statt. Unter diesen Prämissen sieht etwa Andreas Reckwitz (2017) in seiner *Gesellschaft der Singularitäten* einen neuen Kulturkapitalismus am Werk, in dem sich die Klassen über symbolische Kämpfe um Prestigegüter wechselseitig bestimmen. Anstelle des Klassenkampfs tritt fortan ein Kulturkampf um Werte, die Individualität und Authentizität versprechen – ergo Werte, die *singularisieren*. Werden nunmehr Singularitäten zum Maßstab der Kritik erhoben, fallen Elend und Leid trotz ihres Fortbestehens tendenziell aus dem Analyseraster heraus. Während Reckwitz eine Krise des Allgemeinen in Form von Krisen der Anerkennung, der Selbstverwirklichung und der Teilhabe im Kommen sieht, gemahnen Marx und Engels an die *materialistischen Voraussetzungen*, die immer auch eine Hinwendung zum sozialen Elend bedeuten. Dementsprechend programmatisch heißt es daher in der *Deutschen Ideologie*:

> »Die Voraussetzungen, mit denen wir beginnen, sind keine willkürlichen, keine Dogmen, es sind wirkliche Voraussetzungen, von denen man nur in der Einbildung abstrahieren kann. Es sind die wirklichen Individuen, ihre Aktion und ihre materiellen Lebensbedingungen, sowohl die vorgefundenen wie die durch ihre eigne Aktion erzeugten. Diese Voraussetzungen sind also auf rein empirischem Wege konstatierbar« (Marx & Engels, 1978 [1845/1846], S. 20).

Engels empirischer Blick auf die materiellen Lebensbedingungen der arbeitenden Klasse in England war auch die Geburt einer eigenen wissenschaftlichen Textgattung, die engagierte Praxis und theoretische Analyse zu verknüpfen sucht. Das vierte Kapitel wird darin Einblicke geben. Doch zunächst widmen wir uns der Psyche des Elends und fördern damit das unbewusste Leid zutage.

3 Das Elend im Unbewussten

Oder über ein altes Unbehagen und einen neuen Autoritarismus

> »Seit unvordenklichen Zeiten zieht sich über die Menschheit der Prozeß der Kulturentwicklung hin […]. Diesem Prozeß verdanken wir das Beste, was wir geworden sind, und ein gut Teil von dem, woran wir leiden.«
>
> *Sigmund Freud (1933b [1932], S. 25f.)*

Am 30. Juli 1932 wandte sich Albert Einstein auf Betreiben des Völkerbundes mit einem Brief an Sigmund Freud, um die Frage »Warum Krieg?« zu diskutieren. Am Vorabend der Machtübergabe an die Nationalsozialisten erhoffte sich der weltberühmte Physiker durch den Austausch mit dem Begründer der Psychoanalyse eine Antwort auf die Frage, ob es möglich sei, die Menschheit vom Verhängnis des Krieges zu befreien. Einstein adressiert seine globale Frage nicht zufällig an Freud. Es ist wohl davon auszugehen, dass er sich über die grundsätzlichen Anliegen der psychoanalytischen Therapie im Klaren war. Schließlich ist ein Beweggrund der Psychoanalyse, das unterdruckte Triebschicksal aufzudecken, ihm die Qualität der Krankheit zu nehmen und dadurch Leiden zu lindern oder – in den Worten Freuds – »hysterisches Elend in gemeines Unglück zu verwandeln« (Freud, 1895d, S. 312). Damit überdauert in der Psychoanalyse das Junktim der Moderne, das wir bereits im ersten Kapitel über das Erdbeben von Lissabon kennengelernt haben: Aufklärung und Emanzipation sind fortwährend aufeinander bezogen. Freud verlieh nun dem Elend *im* Unbewussten des Subjekts eine eigene Sprache und machte so die Psyche der Erkenntnis erst zugänglich. Darüber wurden erstmals die gesellschaftlichen Ursprünge des internalisierten Leids aufgedeckt, was wiederum ermöglichen sollte, das daraus resultierende Unbehagen einer Kritik zu unterziehen.

Die Antwort Freuds datiert vom September 1932. Darin geht er zunächst auf die Überlegungen Einsteins zu den Möglichkeiten einer rechtsförmigen zwischenstaatlichen »Zentralgewalt« wie dem Völkerbund ein. Wie bereits Einstein bleibt auch Freud hier recht reserviert und begibt sich schnell auf das vertraute Terrain der Psychoanalyse. Dazu greift er die Verwunderung Einsteins auf, wie leicht sich die Menschen für Kriege begeistern lassen. Freud, von dem der Befund stammt, dass unser Unbewusstes selbst für Kleinigkeiten mordet, bekräftigt zu diesem Zweck seine Trieblehre, die er über den Antagonismus von Eros und Thanatos, von Lebenstrieb und Todestrieb, entfaltet. Bereits der Erste Weltkrieg bot Freud die Möglichkeit, in seiner Schrift *Zeitgemäßes über Krieg und Tod* das Verhältnis von Aggression neu auszuloten und mit rücksichtslosem Wahrheitsanspruch die kulturellen Errungenschaften der Menschheit in die Waagschale zu legen (Freud, 1915b). Offensichtlich läuteten die bis dahin unbekannten Massaker des Ersten Weltkrieges auch seine wenige Jahre später aufgestellte Hypothese des Todestriebes ein. Dies bedeutete eine Wendung Freuds ins pessimistische Gebiet seiner Kulturtheorie, die vornehmlich von unbewusstem Unbehagen und Leid handeln sollte – eine Färbung, die auch noch die Antwort an Einstein enthält:

> »Manchmal haben wir, wenn wir von den Greueltaten der Geschichte hören, den Eindruck, die ideellen Motive hätten den destruktiven Gelüsten nur als Vorwände gedient, andere Male, z.B. bei den Grausamkeiten der heiligen Inquisition, meinen wir, die ideellen Motive hätten sich im Bewußtsein vorgedrängt, die destruktiven ihnen eine unbewußte Verstärkung gebracht. Beides ist möglich« (Freud, 1933b [1932], S. 21f.).

Freud bezieht sich im Briefwechsel unausgesprochen auf seine Spätschrift *Das Unbehagen in der Kultur*, die den Höhepunkt der skizzierten Entwicklung bilden sollte. Darin vermutet er in der Genese der Kultur ein grundlegendes Leidpotenzial, womit die Psychoanalyse durchaus als Theorie des Leids *avant la lettre* gelten kann (Burghardt, 2019, 2022). Den Ausgangspunkt bildet die Wahrnehmung, dass die Kulturentwicklung, die die Einzelnen ja gerade gegen die Naturgewalten absichern soll, zugleich mit einem wachsenden Unbehagen verbunden ist. Die Crux von Freuds Kulturtheorie besteht nun darin, dass die Organisation der Kultur mit einem vom Ich eingeforderten Triebverzicht einhergeht, der schließlich mit einer wachsenden Rigidität des Gewissens bezahlt wird: »Das Gewissen ist die Folge des Triebverzichts; oder: Der (uns von außen auferlegte) Triebverzicht schafft das Gewissen, das dann weiteren Triebverzicht fordert« (Freud, 1930a [1929], S. 488). Die kulturelle Verfasstheit der Menschen erweist sich demnach als eine Verinnerlichung des Leids. Rückblickend stellt Freud auch die Frage nach den Ursachen des Krieges in diesen Zusammenhang:

> »[W]ir haben versucht, eine ganze Anzahl von normalen und pathologischen Phänomenen von dieser Verinnerlichung des Destruktionstriebes abzuleiten. Wir haben sogar die Ketzerei begangen, die Entstehung unseres Gewissens durch eine solche Wendung der Aggression nach innen zu erklären« (Freud, 1933b [1932], S. 22).

Hiernach verwundert es kaum, warum Freud seiner Schrift ursprünglich den Titel »Das Unglück in der Kultur« geben wollte. Denn die Möglichkeit, dass der Mensch dem Glück Dauer verleihen kann, wird geradewegs bestritten: »[M]an möchte sagen, die Absicht, daß der Mensch ›glücklich‹ sei, ist im Plan der ›Schöpfung‹ nicht enthalten« (Freud, 1930a [1929], S. 434). Den Menschen bleibt daher nur der umgekehrte Weg, zu versuchen, noch größeres Leid zu vermeiden. Freud untersucht diverse Mittel zur Linderung des Elends, wobei er drei hauptsächliche Formen entziffert: »Mächtige Ablenkungen, die uns unser Elend gering schätzen lassen, Ersatzbefriedigungen, die es verringern, Rauschstoffe, die uns für dasselbe unempfindlich machen« (ebd., S. 432). Diese Linderungsformen haben durchaus eine pessimistisch-aufklärerische Funktion, wie Freuds Bezug auf Voltaires Candide zeigt, der bekanntlich am Ende seiner Reise die Verminderung der erlebten Pein im schlichten Bestellen des eigenen Gartens fand: »Auf die Ablenkungen zielt Voltaire, wenn er seinen ›Candide‹ in den Rat ausklingen läßt, seinen Garten zu bearbeiten« (ebd., S. 432f.). Analog zu den drei Varianten werden zudem drei Ursachen des Leids entziffert, die wiederum Rückschlüsse auf die Möglichkeiten der Psychoanalyse zulassen:

> »Von drei Seiten droht das Leiden, vom eigenen Körper her, der, zu Verfall und Auflösung bestimmt, sogar Schmerz und Angst als Warnungssignale nicht entbehren kann, von der Außenwelt, die mit übermächtigen, unerbittlichen, zerstörenden Kräften gegen uns wüten kann, und endlich aus den Beziehungen zu anderen Menschen« (ebd., S. 434).

Dieser Dreischritt aus körperlichen, äußeren und sozialen Leiden sollte durchaus folgenreich sein. Während Freud im Hinblick auf die Linderungen des körperlichen Leids recht nüchtern bleibt, insofern der menschliche Organismus nun einmal vergänglich und verwundbar ist, hebt er die zivilisatorischen Errungenschaften – etwa Frühwarnsysteme gegen Erdbeben oder medizinischen Fortschritt – hervor, die zwar nicht »alles Leiden aufheben, so doch manches, und anderes lindern« (ebd., S. 444) können. Die ausschlaggebende Leidensquelle bildet für Freud jedoch die soziale Verfasstheit des Menschen. Insbesondere emotionale Verletzungen durch die Beziehung zu anderen Menschen werden schmerzlicher als alle anderen Verlust- und Bedrohungserfahrungen empfunden. »Niemals sind wir ungeschützter gegen das Leiden, als wenn wir lieben, niemals hilfloser unglücklich, als wenn wir das geliebte Objekt oder seine Liebe verloren haben« (ebd., S. 441).

Durch die Verschränkung der Triebarten tritt nun das Unbehagen an der Kultur offen zutage, führt doch die »Trägheit der Libido« (ebd., S. 467), die sich nicht von ihrem Objekt zu lösen vermag, alsbald zu Abhängigkeit und Kränkung, die mit Aggression beantwortet werde. Freud kommt nun auf den Todestrieb zu sprechen, als dessen Abkömmling sich der

Aggressionstrieb entpuppt. Während der Eros also geräuschvoll die Verbindung der Menschen untereinander betreibt, arbeitet der Todestrieb »stumm im Inneren des Lebewesens an dessen Auflösung« (ebd., S. 478).

> »Die Existenz dieser Aggressionsneigung [...], ist das Moment, das unser Verhältnis zum Nächsten stört und die Kultur zu ihrem Aufwand nötigt. Infolge dieser primären Feindseligkeit der Menschen gegeneinander ist die Kulturgesellschaft beständig vom Zerfall bedroht [...]. Die Kultur muß alles aufbieten, um den Aggressionstrieben der Menschen Schranken zu setzen, ihre Äußerungen durch psychische Reaktionsbildungen niederzuhalten« (ebd., S. 471).

Um zu untersuchen, inwiefern es der Kultur gelingt, den Aggressionstrieb unschädlich zu machen, nimmt Freud direkte Anleihen an seinen klinischen Beobachtungen:

> »Die Aggression wird introjiziert, verinnerlicht, eigentlich aber dorthin zurückgeschickt, woher sie gekommen ist, also gegen das eigene Ich gewendet [...]. Die Kultur bewältigt also die gefährliche Aggressionslust des Individuums, indem sie es schwächt, entwaffnet und durch eine Instanz in seinem Inneren, wie durch eine Besatzung in der eroberten Stadt, überwachen läßt« (ebd., S. 482f.).

Nunmehr schließt sich der Kreis zum Ausgangspunkt der Psychoanalyse: Mit ihrem Fokus auf somatisches Leiden ohne organischen Befund ging es dieser von Beginn an um die Aufdeckung der Innenseite äußeren Leidens. So wird die Kulturgeschichte gewissermaßen vom individuellen Seelenende her nachgezeichnet. Freud erklärt in seinem Spätwerk, wie das Gewissen als unerbittliches Schuldgefühl in die Subjekte gelangt und sich als innerer Konflikt ausprägt, zu dessen Befund alsdann die Psychoanalyse notwendig ist. Dabei werden spezifische Leiden, die in der zeitgenössischen Medizin als Simulation oder Einbildung abgetan wurden (etwa die Hysterie), als psychosoziale Leiden dechiffriert, deren Ursachen in Kindheitserlebnissen und libidinösen Konflikten aufzufinden sind. Diese Grundannahme bildet das Fundament der Psychoanalyse, an dem Freud durch alle Schaffensperioden hindurch festgehalten hat. Gleichwohl ist die Psychoanalyse, deren therapeutisches Setting Freud als *talking cure* beschreibt, kein Allheilmittel, da die Kur ihrerseits Leiden neu aufleben lassen kann. »Worte können unsagbar wohltun und fürchterliche Verletzungen zufügen«, wie er in seiner *Frage der Laienanalyse* bemerkt (Freud, 1926e, S. 214). In einem weiteren, kleinen Text für die *Encyclopedia Britannica* versäumt es Freud daher nicht, vor übersteigerten Erwartungen zu warnen: »Eine bequeme Panacée für psychische Leiden (cito, tuto, jucunde) ist auch die Psychoanalyse nicht; ihre Anwendung hat im Gegenteile erst Aufklärung über die Schwierigkeit und die Grenzen der Therapie bei solchen Affektionen gebracht.« Dennoch, fällt er sich gleichsam ins Wort: »[S]ie lohnt aber meistens alle Bemühungen« (Freud, 1926f, S. 301).

Während in den Anfängen der Psychoanalyse die Formen des Leidens meist auf eine »psychische Impotenz« (Freud, 1912d, S. 78) zurückgeführt wurden, sieht Freud in seinen späten Schriften den beschriebenen Kulturkampf zwischen *Eros* und *Thanatos* am Werk. Vor diesem Hintergrund wird ersichtlich, warum Freud das Subjekt als »tragisch« bezeichnete. Denn letztlich erscheint die *Allgegenwart des Schuldgefühls* unvermeidlich. Ob nun eine Tat real begangen wurde oder nur in der Fantasie – jeweils ist das Über-Ich als individueller Ableger gesellschaftlicher Kontrollinstanzen ein stets präsenter Kontrolleur und Zensor, dem nicht einmal die verbotensten Wünsche und Fantasien entgehen. Dementsprechend wandelt sich auch seine Auffassung zu den Erfolgsaussichten der psychoanalytischen Behandlung. Heißt es in seinen Vorlesungen »Über Psychoanalyse« von 1909 noch recht optimistisch, dass »unsere Technik bereits wirksam genug ist, um ihre Aufgabe lösen zu können, um das pathogene psychische Material dem Bewußtsein zuzuführen und so die durch die Bildung von Ersatzsymptomen hervorgerufenen Leiden zu beseitigen« (Freud, 1910a [1909], S. 38f.), äußert sich Freud im posthum veröffentlichten »Abriß der Psychoanalyse« über die therapeutischen Heilungschancen beim Individuum zurückhaltender. Am Vorabend des Zweiten Weltkrieges stellt er selbstkritisch fest: »[V]orläufig steht uns nichts besseres zu Gebote als die psychoanalytische Technik und darum sollte man sie trotz ihrer Beschränkungen nicht verachten« (Freud, 1940a [1938], S. 108).

Angesichts des heraufdämmernden Krieges nimmt Freud in seinem Brief an Einstein kulturtheoretisch eine abermalige Wendung vor. Er gibt nun sein im *Unbehagen in der Kultur* so fulminant auseinandergesetztes Festhalten an der Verstrickung des Menschen in einen kulturellen *circulus vitiosus* zugunsten eines *pragmatischen* Vernunftpazifismus auf. Im *Unbehagen in der Kultur* war Freud angetreten, die

»Schicksalsfrage der Menschenart« (Freud, 1930a [1929], S. 506) über die Eindämmung der kulturell hervorgebrachten Selbstvernichtungstriebe zu beantworten. Daher wendet er sich auf den letzten Seiten der Schrift auch gegen das »enthusiastische Vorurteil« (ebd., S. 505), wonach die Kultur ein besonders kostbares oder schützenswertes Gut sei. Am Ende des Briefs an Einstein schiebt er indes seine wenig erbaulichen Einwände zugunsten eines vorsichtigen Optimismus beiseite und votiert für jede Form der Kulturförderung: »Unterdes dürfen wir uns sagen: Alles, was die Kulturentwicklung fördert, arbeitet auch gegen den Krieg« (Freud, 1933b [1932], S. 27). Freud, der aufzeigte, wie dünn der Firnis der Zivilisation tatsächlich ist, sieht nun keinen anderen Ausweg, als sich auf ebendiese zu berufen.

Durchaus ähnlich verhält es sich mit seiner Einstellung zur Autorität, die Freud insbesondere in ihrer religiösen und sozialen Ausprägung einer schonungslosen Kritik unterzog. In seiner als Gründungsdokument der Sozialpsychologie geltenden Schrift *Massenpsychologie und Ich-Analyse* aus dem Jahr 1921 geht es unter politischen Vorzeichen darum, die irrationale Unterwerfungsbereitschaft von Massen unter eine Führungsperson oder abstrakte Idee zu begreifen. Gegenüber Einstein schlägt er dagegen eher anthropologische denn gesellschaftskritische Töne an:

> »Es ist ein Stück der angeborenen und nicht zu beseitigenden Ungleichheit der Menschen, daß sie in Führer und in Abhängige zerfallen. Die letzteren sind die übergroße Mehrheit, sie bedürfen einer Autorität, welche für sie Entscheidungen fällt, denen sie sich meist bedingungslos unterwerfen.«

Gleichsam als Avantgardist der Emanzipation beruft sich Freud auf die Mittel der Erziehung. Eingedenk der Kriegsgefahr müsste die Psychoanalyse nun die rücksichtlose Aufklärung einer »Oberschicht selbständig denkender, der Einschüchterung unzugänglicher, nach Wahrheit ringender Menschen [vorantreiben; D. B.], denen die Lenkung der unselbständigen Massen zufallen würde« (ebd., S. 24). Es waren seine Kriegsbeobachtungen, die Freud dazu brachten, »sich gegenüber Einstein zur Utopie menschlicher Einsicht in die Übel dieses Geschehens« durchzuringen (Brumlik, 2006, S. 170).

Es sollte anders kommen: Die Vernunftbegabung der Massen blieb bis auf Weiteres aus – und sieben Jahre nach dem Briefwechsel zwischen Freud und Einstein sollte der Zweite Weltkrieg beginnen. Mit dem Faschismus bestätigte sich dagegen Freuds negative Einschätzung aus der massenpsychologischen Schrift. Hier unterbreitete er eine hellsichtige Analyse des nationalsozialistischen Vergesellschaftungsmodus, hatte doch die Identifikation der Massen mit *Führer*, *Volksgemeinschaft* und *Reich* wesentlich die Kulturfeindschaft des Antisemitismus zur Triebfeder, zu deren Analyse Freud erst den Boden bereitete. So widmete sich der Freudomarxist Wilhelm Reich mit seiner 1933 im dänischen Exil erschienenen Veröffentlichung *Massenpsychologie des Faschismus* als Erster explizit den psychosozialen Grundlagen des Nationalsozialismus. Unterdessen wurde das Motiv des antisemitischen Syndroms empirisch in den maßgeblich von Max Horkheimer, Erich Fromm und Herbert Marcuse verantworteten *Studien über Autorität und Familie*, sowie den in den 1930er Jahren im kalifornischen Berkeley erhobenen *Studies in Prejudice* weiterverfolgt. Insbesondere die im Exil entstandenen Autoritarismus-Studien des Instituts für Sozialforschung verursachten den wohl größten Nachhall und gelten bis heute als Meilenstein der Vorurteilsforschung. Ziel der in Deutschland unter dem Titel *Studien zum autoritären Charakter* bekannt gewordenen Untersuchungen war es, im Anschluss an Freud die Empfänglichkeit breiter Teile der Bevölkerung für faschistische Propaganda zu untersuchen. Resümierend hält Adorno später fest, dass es sich bei den Grundannahmen der Studien, »um ein Phänomen [handelt], das von der Tiefenpsychologie, und zwar in ihrer strengen und kompromißlosen Gestalt, in der Theorie von Sigmund Freud, formuliert worden ist« (2019c [1960], S. 242).

Entsprechend der Psychoanalyse ging man daher davon aus, dass die autoritäre Charakterstruktur in der Sozialisation und hierbei insbesondere in der Erziehung als Niederschlag frühkindlicher Erfahrungen erworben wird. Luzide erkennt Adorno bereits in der eigenen Kindheit die »Sendboten« des Faschismus, dessen Subjektform er in den *Studien zum autoritären Charakter* dann operationalisieren sollte. In der *Minima Moralia* heißt es in einem Aphorismus aus dem Jahr 1935 über »böse Kameraden«: »Eigentlich müßte ich den Faschismus aus der Erinnerung meiner Kindheit ableiten können.« Schon im eigenen Klassenzimmer antizipiert er die Verknüpfung des Wunsches nach Unterwerfung mit der Aggression gegenüber Schwächeren, zu denen der jüdische Klassenprimus Adorno gehörte:

> »Jene aber, die immerzu trotzig gegen die Lehrer aufmuckten und, wie man es wohl nannte, den Unterricht störten, vom Tag, ja der Stunde des Abiturs an jedoch mit den gleichen Lehrern

> am gleichen Tisch beim gleichen Bier zum Männerbund sich zusammensetzten, waren zur Gefolgschaft berufen, Rebellen, in deren ungeduldigem Faustschlag auf den Tisch die Anbetung der Herren schon dröhnte. Sie brauchten nur sitzenzubleiben, um die zu überholen, die ihre Klasse verlassen hatten, und an ihnen sich zu rächen. Seitdem sie, Amtswalter und Todeskandidaten, sichtbar aus dem Traum hervorgetreten sind und mich meines vergangenen Lebens und meiner Sprache enteignet haben, brauche ich nicht mehr von ihnen zu träumen. Im Faschismus ist der Alp der Kindheit zu sich selber gekommen« (Adorno, 2003b [1951], S. 220).

Der Begriff des Autoritarismus wurde für die Kritische Theorie zum Puzzleteil zwischen objektiver Gesellschaftsformation und subjektiver Charakterdisposition. Über den Autoritarismus versucht das Subjekt die Spannung zwischen feindlicher Außenwelt und schwachem Ich aufzulösen. So griff man theoretisch auf die von Freud formulierten Prämissen der destruktiven Tendenzen in der Kultur zurück, spezifiziert allerdings das Unbehagen, insofern sich dieses nicht bei allen gleichermaßen veräußerlicht. Am Beispiel des *tolerierten Exzesses* verdeutlicht Adorno diese Annahme:

> »Charakteristisch für die gesamte Gesinnung ist schließlich noch ein Phänomen, das ich Ihnen doch stichwortartig nennen möchte, nämlich das Phänomen des tolerierten Exzesses. Es sind also Menschen, bei denen, um Freud zu zitieren, das ›Unbehagen in der Kultur‹ außerordentlich groß ist, im Grunde Menschen mit sehr starken Destruktionstendenzen, die die ganze Zivilisation in die Luft sprengen möchten. Der mi-

> litante Nationalismus, der ja mit der Trieblust zusammenhängt, geht durchaus in diese Richtung. Auf der anderen Seite aber gehört es nun aber wieder zu der Radfahrernatur, daß sie sich zu solchen Exzessen nur getraut, wenn diese Exzesse irgendwie gesellschaftlich approbiert sind« (ebd., S. 263f.).

Im Anschluss an die psychoanalytische Therapeutik wurde vermutet, dass die autoritäre Empfänglichkeit weniger in artikulierbaren politischen Überzeugungen liegt als in der unbewussten und triebökonomisch begründeten Charakterstruktur: »Alle Aspekte von Vorurteilen gegenüber Minderheiten sind so affektgeladen, so eng mit irrationalen Wünschen und Mechanismen verbunden, dass ein rationaler Erklärungsansatz notwendig oberflächlich und trügerisch bliebe« (Adorno, 2019a [1948], S. 32). Das Freud'sche Unbehagen erhielt nun ein empirisches Gesicht mit dementsprechenden Charaktereigenschaften. Mittels Interviews und einem knapp 40 Aussagen umfassenden Fragebogen, der sogenannten »F-Skala«, ging das Design weit über die bislang übliche Meinungsforschung hinaus. So ging es nun darum, latente und mithin unbewusste Dispositionen objektivierbar zu machen. »Unsere Studie könnte damit als erster vorläufiger Versuch bezeichnet werden«, so Adorno, »tiefenpsychologische Beobachtungen und statistische Generalisierungen in Einklang zu bringen« (ebd., S. 36). Während manche Items des Fragekatalogs heute überholt erscheinen (wie etwa »Gehorsam und Respekt gegenüber der Autorität sind die wichtigsten Tugenden, die Kinder lernen sollten«), sind andere Statements erschreckend aktuell (»Viel stärker als die meisten Menschen erkennen, wird unser Leben durch Verschwörungen bestimmt, welche die Politiker insgeheim aushecken«). Die Substanz der F-Skala bildeten neun Variablen, denen die einzelnen Aussagen zugeordnet wurden:

- starre Bindung an die konventionellen Werte des Mittelstandes *(Konventionalismus)*,
- unkritische Unterwerfung unter idealisierte Autoritäten der Eigengruppe *(autoritäre Unterwürfigkeit)*,
- Verurteilung und Bestrafung von Normüberschreitungen *(autoritäre Aggression)*,
- Abwehr von Fantasie und Sensibilität *(Anti-Intrazeption)*,
- Schicksalsgläubigkeit und Rigidität *(Aberglaube und Stereotypie)*,
- übertriebene Zurschaustellung von Stärke und Robustheit *(Machtdenken und Kraftmeierei)*,
- allgemeine Feindseligkeit *(Destruktivität und Zynismus)*,
- Übertragung unbewusster Triebimpulse auf die Außenwelt *(Projektivität)* und
- eine übertriebene Beschäftigung mit sexuellen Inhalten *(Sexualität)*.

Traten mehrere dieser Variablen bei den jeweiligen Personen auf, wurde von einem »autoritären Syndrom« gesprochen, das zu einem spezifischen Sozialtypus erhoben wurde. Umgekehrt unterschieden sich Personen, die den Faschismus stark ablehnten, wesentlich deutlicher voneinander – ein Befund, der auch heute noch Aktualität beanspruchen kann (Adorno, 1995 [1950], S. 2). So beschreibt der autoritäre Typus gleichsam die Subjekt-Seite des Faschismus, in dem die eigene gesellschaftliche Ohnmacht lustvoll bejaht, und komplementär dazu die Aggressionen auf diejenigen projiziert werden, denen gesellschaftlich gerade keine Autorität zukommt:

> »Man kann dem auch die Wendung geben, daß die spezifischen Charaktertypen, um die es sich dabei handelt, eigentlich jene Charaktertypen sind, die dazu tendieren, die Gewalt und den Zwang, der ihnen angetan wird von der Welt, so wie diese nun einmal eingerichtet ist, noch einmal sich selbst anzutun und dann, wenn möglich, auch noch anderen Menschen, vor allem solchen Menschen, die schwächer sind als sie selbst, und den Druck zunächst weiterzugeben« (Adorno, 2019c [1960], S. 242).

Die charakteristische Ambivalenz des Wunsches nach Unterwerfung, die sich mit der projektiven Aggression gegenüber Schwächeren paart, wurde anschaulich in das Bild einer »Radfahrernatur« gesetzt – nach oben buckeln, nach unten treten. Diese stellt eine innere Verlängerung des äußeren Zwangs dar, der sich unbewusst derart verstetigt und verselbstständigt, dass dem autoritären Charakter Leiden gleichsam zum Bedürfnis wird. Der »autoritätsgebundene Charakter [stellt] eine Art von abgekürzter Anpassung an die autoritär eingerichtete Welt« dar (ebd., S. 251).

Auch wenn Adorno nicht müde wurde, darauf hinzuweisen, dass es sich bei dem Phänomen des autoritären Charakters nicht um eine starre Konzeption handelt, insofern dieser von gesellschaftlichen und insbesondere ökonomischen Entwicklungen abhängig ist, wird bis heute über das *Veralten* des autoritären Charakters gestritten (Decker, 2010). Ein wesentlicher Einwand findet sich im historischen Wandel des Erziehungsstils: Gingen Adorno und die Berkeley-Gruppe streng psychoanalytisch davon aus, dass sich beim autoritären Charakter verinnerlichte Zwänge aus der frühen Kindheit destruktiv und dennoch herrschaftsstabilisierend nach außen kehren, muss heute in Rechnung gestellt werden, dass die damals vorherrschende autoritäre Familienkonstellation so bruchlos nicht mehr existiert. Der »Befehlshaushalt«, den Wilhelm Reich noch als »autoritären Miniaturstaat« bezeichnete, wurde nach dem Krieg von einem demokratischeren »Verhandlungshaushalt« abgelöst. Seit dessen Durchsetzung stelle – so ein Einwand – die unmittelbare Gewaltanwendung in der Erziehung nicht mehr die akzeptierte Normalität dar. Demgegenüber wenden Oliver Decker und Kolleg:innen in ihren alle zwei Jahre erhobenen und ausdrücklich an die Studien zum autoritären Charakter anknüpfenden Autoritarismus-Studien ein:

> »Jene autoritäre Erziehung, welche für die Studien zum Autoritären Charakter namensgebend war […], ist noch heute anzutreffen. Über die Generationen lässt sich zwar eine deutliche Veränderung im Erziehungsstil feststellen – die körperliche Gewalt nimmt ab, die Vermittlung von Wärme und Nähe zu –, aber körperliche Gewalterfahrungen im Elternhaus gibt es noch immer. Bis in die jüngere Generation hinein ist der Effekt dieser Erfahrung auf die Gewaltbereitschaft und die antidemokratische Einstellung nachweisbar« (Decker, Kiess & Brähler, 2014, S. 9).

Währenddessen wurden die Designs der Autoritarismus-Studien aktualisiert und auf den Stand der Entwicklungen gebracht. So wurden bindungstheoretisch – etwa durch Christel Hopf (2000) – elterliche Ablösungsprozesse mitberücksichtigt und die über primäre Sozialisation hinausreichende Rolle der Peergroups und (Sozialen) Medien als weitere autoritäre Sozialisationsfaktoren in Betracht gezogen. Auch wenn die rigiden Sexual- und Geschlechterkonventionen aus Freuds Zeiten aufgebrochen wurden, sind die materiellen Voraussetzungen der kapitalistischen Gesellschaft bis heute dieselben geblieben. Bereits Herbert Marcuse (1963), von dem das Theorem über das »Veralten der Psychoanalyse« ursprünglich stammt, bemerkte nach dem Krieg, dass mittlerweile der Kapitalismus selbst die Position des Autoritären einnehme. Zwar hat sich dessen Funktionsweise nicht grundlegend geändert, indes begünstigt sein Eintreten in eine neoliberale Phase offenkundig eher narzisstische Dispositionen eines von Ulrich Bröckling (2007) prominent beschriebenen *unternehmerischen Selbst.* Die Umweg-Identifikation mit abstrakten Objekten, Prozessen und Anforderungen scheint die primäre Identifikation mit einem *Führer* abgelöst zu haben. Vor diesem Hintergrund spricht Decker von einem »sekundären Autoritarismus«, der einstweilen als Gradmesser des gesellschaftlichen Unbehagens fungiert. Auch die Gegenwartsgesellschaft ist von autoritären Dynamiken geprägt, die einem die Unterordnung der individuellen Wünsche unter ein kollektives Ideal abverlangen, freilich klassenspezifisch und oftmals auf sanfte und indirekte Art und Weise. Und auch in der heutigen Gesellschaft brechen sich durch ökonomische Krisen verursachte soziale Abstiegsängste häufig autoritär

Bahn (Decker, 2018, S. 49ff.). Fortwährend entschädigt die Identifikation mit der Autorität für die erlittene Pein – der von Freud grundlegend angenommene Konflikt zwischen Individuum und Gesellschaft lebt immer wieder von Neuem auf.

So verwundert es kaum, wenn die in der F-Skala operationalisierten Phänomene auch in der Gegenwartsgesellschaft anzutreffen sind – allerdings unter veränderten Bedingungen und in anders gewichteter Ausprägung. Derzeit unterbreiten Carolin Amlinger und Oliver Nachtwey einen Vorschlag zur Aktualisierung des autoritären Syndroms. Die von ihnen als Metamorphose des autoritären Charakters in Anschlag gebrachte Figur eines *libertären Autoritarismus* trägt dem Anspruch nach einer »spätmodernen« Entwicklung Rechnung, insofern die Verfolgung konventioneller Werte oder die Unterwerfung unter eine idealisierte Autorität nur noch eingeschränkt anzutreffen sind. Dagegen treten häufiger Muster in den Vordergrund, die mit dem narzisstischen Selbstverständnis der eigenen Freiheit passförmig in Einklang zu bringen sind. Der Modus des spätmodernen Aufbegehrens ist demnach der einer *regressiven Rebellion*, die sich gegenüber Autoritäten zwar auflehnt – jedoch konformistisch und rein den eigenen Belangen entsprechend. Angepasst sind die Rebell:innen insofern, »als sie die Normen der Konkurrenzgesellschaft internalisiert haben« (Amlinger & Nachtwey, 2022, S. 178ff.). Libertär sind sie, weil jede Form der persönlichen Einschränkung abgelehnt wird. Im libertären Autoritarismus wirkt somit »eine negative Freiheitsidee fort, in der sich das Individuum im Gegensatz zur gesellschaftlichen Ordnung verortet. Die libertären Autoritären identifizieren sich nicht mit einer Führungsfigur, sondern mit sich, ihrer Autonomie« (ebd., S. 16) – eine Autonomie, die sich durch mangelnde Empathie auszeichnet und durchaus mit autoritärer Aggression verteidigt wird.

Über den Sozialtypus des autoritären Rebellen gelingt es Amlinger und Nachtwey, im Fahrwasser der neoliberalen Individualisierung eine ganze Reihe an Konfliktlinien der Gegenwart einzufangen: von der Abwehr einer gendersensiblen Sprache bis hin zur Einhaltung des Abstandsgebots oder das Tragen von Masken während der COVID-19-Pandemie. Jede Form der Realitätsprüfung stellt nun eine nicht-hinnehmbare Einschränkung der eigenen Freiheit dar. Das Kernsymptom des libertären Autoritarismus bildet daher die narzisstische Kränkung. Man leidet abwechselnd als Opfer einer *woken* Elite, einer omnipräsenten *Cancel Culture* oder unter den Aktionen von Klimaaktivist:innen – und jeweils tritt man als Tabubrecher gegen die Feinde der eigenen Freiheit an. Dabei sehnt man einen Zustand zurück, der frei von Einschränkungen, aber tendenziell auch frei von zivilisatorischen Errungenschaften ist.

Um diese zugegebenermaßen recht kursorisch umrissene Entwicklung sozialpsychologisch einzufangen, kann auf zwei Fluchtbewegungen des Narzissmus hingewiesen werden, die durchsichtig machen, warum sich Allmacht und Unterordnung durchaus komplementär zueinander verhalten können. Danach existiert eine ichbezogene *monadische* Variante, in der das Subjekt sich in das Phantasma der Einzigartigkeit rettet, und eine umweltbezogene *kollektivistische* Variante, bei der sich das Individuum in imaginierte und übermächtige Prothesen, die von den Eltern bis hin zu Führerfiguren reichen, flüchtet (Altmeyer, 2004; Eichler, 2013). Hier kann die Schnittstelle zwischen narzisstischer Kränkung und autoritärer Lösung ausgemacht werden, die sich mit jeder sozialen Krise neu Bahn bricht. Amlinger und Nachtwey nehmen insbesondere die »Gestalt der Querdenken-Bewegung« in den Blick. In dieser verkörpert sich die von ihnen beschriebene Melange aus narzisstisch-autoritärer Rebellion gegen jede heteronome Einschränkung und konspirative Erklärungsmodelle *in nuce* (Amlinger & Nachtwey, 2022, S. 255f.). So hat die sogenannte »Querdenken-Bewegung« narzissmustheoretisch ihren gemeinsamen Nenner darin, dass sich Teilnehmer:innen durch das Virus und/oder die staatlichen Eindämmungsmaßnahmen in ihrer Lebensform regelrecht gedemütigt fühlen. Tatsächlich markieren die staatlichen Eindämmungsmaßnahmen einen buchstäblichen »Putsch gegen das leistungsorientierte Individuum« (ebd., S. 251). Durch die weitgehende Stilllegung des kulturellen Lebens waren auch Orte der narzisstischen Selbstverwirklichung wie Fitnessstudios, Bars und Clubs unzugänglich – unser Ich wurde einer harten Realitätsprüfung unterzogen. In den Worten von Uli Krug können die selbsternannten »Corona-Rebellen« den »Einbruch des Realen in ihre libidinös besetzte Phantasiewelt« (Krug, 2022, S. 65) nicht akzeptieren. Die von ihnen öffentlich und gleichsam wahnhaft zur Schau gestellte Suggestion vollkommener Unabhängigkeit kann daher als eine Form des magischen Denkens interpretiert werden, die keine Trennung von Ich und Außenwelt mehr kennt, bedeutet diese charakteristische Einheit in der frühkindlichen Ausprägung des primären Narzissmus doch ein (überlebens)notwendiges Verkennen der Tatsache, dass belebte Objekte einen eigenen Willen besitzen und einem damit auch Versagungen zufügen können. Das Kind lernt im Laufe der Entwicklung, sukzessive seiner fantasierten Grandiosität zu misstrauen. Unterdessen bleibt diese erste Kränkung der Omnipotenz latent und prägt mithin das kulturelle Unbehagen, dem zivilisiertes Verhalten, wie von Freud gezeigt, immer eine gewisse Lustfeindlichkeit bedeutet. Der sekundäre Narzissmus löst dieses Dilemma dagegen in einer Überhöhung der eigenen Person auf. Die COVID-19-Pandemie gab dem latenten Unbehagen nun einen manifesten Ausdruck, der gleichsam alle Ambivalenzen des Unbewussten verkörpert. Das Virus ist einerseits unsichtbar und bringt zugleich die Welt zum Stillstand. Analog dazu gilt SARS-CoV-2 in der »Querdenken-Bewegung« zugleich als inexistent und/oder harmlos. Gleichwohl greift auch hier der Mechanismus der autoritären Identifikation. Denn hinter dem Virus werden globale Konzerne, eine kleine Gruppe einflussreicher Menschen wie Bill Gates oder gleich das »Weltjudentum« vermutet, die dessen Ausbreitung steuern sollen. Ehe erkannt wird, dass hierzulande ein nach Maßgaben der neoliberalen Effizienz gestaltetes Gesundheitssystem der Pandemie nicht gewachsen ist, wird ein Komplott vermutet, das jenseits jeder Realitätsprüfung die eigene Lebensweise zur Zielscheibe haben soll. Die idealtypischen »Querdenker:innen« wähnen sich daher als gekränkte Opfer einer Intrige und zugleich als immun gegenüber dem Virus selbst, so es denn für sie überhaupt existiert. Durch das Rekurrieren auf Verschwörungsnarrative können sie sich ihre Unabhängigkeit beweisen, die sie gleichsam in den Wahn treibt. Ihr Ich ist so wenig Herr im eigenen Haus, dass der eigene Körper nahezu als unverwundbar imaginiert wird. Die

Verleugnung des Realen schlägt den Selbsterhaltungstrieb. Unter diesen Umständen bezeichnet Krug die narzisstische Apologie der Freiheit, auf die sich berufen wird, als durchaus konsequent: *Meinungsfreiheit* bedeutet demnach, die Ansicht nicht am Gegenstand, sondern am inneren Antrieb entlang auszurichten, *Handlungsfreiheit*, keine Rücksicht auf die Existenz anderer nehmen zu müssen, *Angstfreiheit*, das eigene Verhalten zu überhöhen, und *Gedankenfreiheit*, den eigenen Standpunkt keiner Reflexion unterziehen zu müssen (ebd., S. 67f.).

In ihrer Auswertung der erhobenen Daten zu den Protesten der »Querdenker:innen« in Deutschland und der Schweiz (in geringerem Maße auch in Österreich) konstatieren Amlinger und Nachtwey eine dementsprechend starke Neigung zu verschwörungsideologischem Denken sowie eine damit verbundene »latente[] Neigung zum Antisemitismus« (Amlinger & Nachtwey, 2022, S. 258). Insofern der Antisemitismus von Adorno noch als »Angelpunkt aller Reflexionen« (Adorno, 1995 [1950], S. 3) der Autoritarismus-Forschung benannt wurde, offenbaren die antisemitischen Projektionen der »Querdenken-Bewegung« die traurige Aktualität des autoritären Charakters, der sich mit jeder Krise neu bildet (Burghardt, 2023). So wies etwa Ernst Simmel nach Ende des Zweiten Weltkrieges darauf hin, dass der Antisemitismus immer dann offen in Erscheinung tritt, wenn die Sicherheit des Individuums oder der Gesellschaft erschüttert und das Unbehagen unerträglich werden. Simmel sprach von einem unerbittlichen »Gefühl der Panik, das Erwachsene zu hilflosen Kindern macht und sie veranlaßt sich in Massenbindungen zu flüchten« (Simmel, 1980 [1946], S. 307). Ob Pandemien oder Kriege – das Unbehagen sowohl des alten, als auch des neuen (libertären) autoritären Charakters steht in einer Ergänzungsreihe zur schief eingerichteten Gesellschaft. Die Dialektik des autoritären Charakters besteht darin, dass dieser von gesellschaftlichen Entwicklungen überholt wird, an denen er seine Aktualität erweist.

In einem Vortrag zur »menschlichen Gesellschaft heute« erinnert Adorno noch einmal an diesen Zusammenhang, ohne den weder er noch Freud zu solch wachen politischen Beobachtern geworden wären:

> »Aber es wäre doch falsch, wenn man dieses Unbehagen wesentlich als eine bloß in den Menschen lokalisierte, als eine sozialpsychologische Tatsache registrieren wollte, sondern sie hat eben höchst reale objektive Gründe. Der wichtigste ist, daß die Gesellschaft trotz aller Fortschritte, die sie gemacht hat, und trotz der absehbaren Beseitigung des Mangels nach wie vor charakterisiert wird durch den Widerspruch von Macht und Ohnmacht, in weitem Maß auch den von Armut und Reichtum. Und dieser Widerspruch dauert auch in der Prosperität unserer Bundesrepublik unvermindert an« (Adorno, 2019b [1957], S. 218).

Adornos Bemerkungen stammen aus dem Jahre 1957 – diesen ist gegenwärtig nichts hinzuzufügen. Einstweilen hat sich die Frage nach der Emanzipation durch die nicht zuletzt von der Kritischen Theorie beeinflusste 68er-Bewegung auf unterschiedlichen Ebenen neu gestellt, wie das folgende Kapitel zeigen wird.

4 Das Elend der Herkunft

Oder über Repräsentation und (subalterne) Emanzipation

> »Ganz frei oder befreit ist man nie. Man emanzipiert sich nur mehr oder weniger von dem Gewicht, mit dem die soziale Ordnung und ihre unterwerfende Gewalt in jedem Moment auf einem lastet. […] Die Spuren der Vergangenheit kann aber auch die radikalste Selbsttransformation nicht voll und ganz verwischen.«
>
> *Didier Eribon (2016, S. 218)*

In seinem vielumjubelten Bestseller *Rückkehr nach Reims* findet sich eine Passage, die der Autor Didier Eribon als ein Schlüsselerlebnis seiner Kindheit beschreibt: Die Heimkehr seines Vaters nach einem durchzechten Wochenende wird auf berührende Weise zum Ausgangspunkt seiner Gesellschaftsanalyse:

> »Nachdem er zwei oder drei Tage verschwunden war, kam mein Vater sturzbesoffen nach Hause (›Freitags machte er nach Feierabend gerne mal einen drauf und schlief dann oft auswärts‹, sagte mir meine Mutter.) Er griff sich sämtliche Flaschen, die er kriegen konnte (Milch, Wein, Speiseöl), und schleuderte sie krachend gegen die Wand. Mein Bruder und ich heulten und klammerten uns an unsere Mutter, die zwischen Wut und Verzweiflung schwankte« (Eribon, 2016, S. 88).

Ein paar Seiten später heißt es:

> »Der Schrecken, der mich damals packte, ging nicht von der handelnden Person aus, sondern von dem sozialen Umfeld, das solche Handlungen ermöglichte. Die Szene, als mein Vater die Flaschen warf, hat vielleicht nur ein paar Minuten gedauert. Sie brannte mir aber eine Abscheu gegen das Elend, eine Auflehnung gegen das soziale Schicksal ein« (ebd., S. 90).

Die von Marx und Engels in die Welt gesetzte Klassenfrage ist also virulent geblieben, gleichwohl hat sie seitdem ihre Erscheinungsform in vielerlei Hinsicht geändert. Insbesondere die Frage der Emanzipation wurde im 20. Jahrhundert zunehmend problematisiert. Ihren Höhepunkt erreichten die Debatten zweifelsohne in den Jahren um 1968, als Neomarxismus und Kritische Theorie eine hegemoniale Stellung an den Universitäten erlangten und die weltweit aufbrechenden sozialen Bewegungen intellektuell flankierten. Nun treten politisch engagierte Intellektuelle wie Sartre, Marcuse, Davis, Foucault, Deleuze oder Bourdieu aufs Tableau, um das Verhältnis von Leiden und Befreiung neu auszubuchstabieren. Nachdrücklich ist die Forschungsperspektive durch Sympathien für die Leiden der gesellschaftlichen Außenseiter:innen motiviert. Und wie bereits von Friedrich Engels werden die Klassenkategorien auf individuelle Lebenslagen angewandt. Wissenschaft wird dadurch zu einer Frage der Haltung – einer Haltung, die versucht, sich nicht länger als Avantgarde zu inszenieren. So geht Herbert Marcuse im erweiterten Anschluss an Engels davon aus, dass nicht mehr das sozial im Aufstieg begriffene Proletariat, sondern sozial deklassierte

Randgruppen noch ein revolutionäres Potenzial aufweisen würden. In seinem *Eindimensionalen Menschen* spricht Marcuse von einem »Substrat der Geächteten«, deren Leben am »unmittelbarsten und realsten« der Abschaffung der unerträglichen Verhältnisse bedarf. Damit ist ihr Sein »revolutionär, wenn auch nicht ihr Bewusstsein« (Marcuse, 2004 [1967], S. 267). Marcuses Antizipation eines revolutionären Ersatzobjektes beeinflusste die außerparlamentarische Opposition stark und manifestierte sich nicht zuletzt in der sogenannten »Heimkampagne«. Durch eine ähnliche Kritik an den repressiven Institutionen motiviert, initiierte Michel Foucault in Frankreich zusammen mit Gilles Deleuze und Daniel Defert auf Anregung der maoistischen Gruppe Gauche proletarienne eine Kampagne zur Information über die Zustände in den Gefängnissen, die Groupe d'information sur les prisons (GIP). Aus diesem Kontext heraus entstand Mitte der 1970er Jahre Foucaults prominente Analyse der Disziplinargesellschaft *Überwachen und Strafen*. Die Gruppe verstand sich dabei weniger als intellektuelle Vorhut, sondern vielmehr als Plattform, um den Gefangenen eine Stimme zu verleihen und ihnen die Möglichkeit zu geben, das Wort zu ergreifen: »[Sie] kennt nur eine Losung: ›Das Wort den Häftlingen!‹« (Foucault, 2002 [1972], S. 379) Foucaults Leidenschaft für das »Leben der infamen Menschen« – so der Titel seines kleinen Textes über in Vergessenheit geratene unglückliche Existenzen, die ohne Foucaults Anstrengung nie an die Öffentlichkeit gelangt wären – versteht sich daher als »Aufruf zur Diskursivierung sämtlicher Regungen und all dieser kleinen Leiden« einzelner Lebensbruchstücke (Foucault, 2003 [1977], S. 325). Auch wenn zwischen den Positionen, die in den Außenseiter:innen eine neue Avantgarde sahen, und jenen, die ihrem Leben eine öffentliche Kontur verleihen wollten, sich gewiss eine Lücke auftut, hatten die intellektuellen Heroen des Elends die Frage nach der Repräsentanz des Leidens entdeckt.

Anders als Foucault nimmt Pierre Bourdieu, von dem dieses Kapitel vorwiegend handeln wird, keine Genealogie des Elends vor, sondern eine bildungssoziologische Strukturanalyse der Vererbung von Ungleichheit. Damit rückt – neben der Frage der Repräsentation des Leids – der Aspekt der sozialen Herkunft in den Vordergrund der Auseinandersetzungen. Auch Bourdieu bezieht systematisch Formen der Herabwürdigungen und Schamerfahrungen benachteiligter Gruppen und seinen Zugang mit ein. Und auch Bourdieu erweitert das Repertoire materialistischer Gesellschaftsanalysen, indem er *symbolische* Herrschaftsformen untersucht, die sich gleichermaßen durch eine Verkennung und Anerkennung der *Gewalt* charakterisieren. Damit wird der Fokus auf die Internalisierung der objektiven Sozialstrukturen gerichtet, denn »jeder äußerlichen Position entspricht eine verinnerlichte Disposition«, wie es in seiner Schrift *Sozialer Sinn* (1987 [1980], S. 101f.) heißt. Markus Rieger-Ladich attestiert Bourdieu daher, das individuelle Leiden als »epistemologische Chance« (2018, S. 387) zu begreifen, ohne dabei einer biografischen Ableitung das Wort zu reden. Demnach eröffnet erst der Fokus auf die Demütigungen und Erniedrigungen der je einzelnen Schicksale den Blick für gesellschaftliche Ungleichheitsformen, die Herrschenden und Beherrschten als Naturverhältnis oder individuelle Leistung erscheinen. Aus diesem Grund nehmen für Bourdieu Bildungsinstitutionen eine derart zentrale Stellung für die Reproduktion und Verschleierung sozialer Ungleichheit ein. Diese entpuppen sich nicht mehr wie einst als aufkläre-risches Ideal, als emanzipatorische Garanten für ein pädagogisch verbürgtes Versprechen des sozialen Aufstiegs, sondern als Legitimation des Elends durch die Reproduktion gesellschaftlicher Klassenverhältnisse. Trotz der Öffnung des Bildungswesens für neue soziale Gruppen in den 1960er Jahren stellten die Institutionen kein Mittel zur Aufhebung der sozialen Ungleichheit dar, sondern perpetuierten und legitimierten diese erst. Der Klassenkampf wird zu einem Klassenzimmerkampf; die Schule ist mehr denn je gesellschaftlicher Platzanweiser. Weil die Kämpfe um Titel und Abschlüsse nun unter Bedingungen der Chancengleichheit ausgetragen werden, entscheiden die inkorporierten *feinen Unterschiede* aus Sprache, Gestik und Mimik, für die Bourdieu den Begriff des *Habitus* geprägt hat. Der Bildungserfolg ist an die Ausprägung eines bürgerlichen Habitus geknüpft, den Bourdieu als »charismatische Ideologie« bezeichnet. Bourdieu spricht diesbezüglich von einer »natürlichen Ungezwungenheit«, einer »eleganten Lässigkeit« oder einer »Pedanterie der Leichtigkeit« (Bourdieu, 2018b [1966], S. 27). So geben die luziden Analysen der Prüfungspraktiken und Inaugurationsrituale an höheren Bildungsinstitutionen den Blick frei für ein bildungsbeflissenes Auftreten, das man bereits im Kindesalter erwirbt und das später bei gesellschaftlichen Positionierungskämpfen oftmals den entscheidenden Unterschied ausmacht. Bourdieu vergleicht diese Praxis mit einer unbewusst wirkenden Logik des Rassismus, insofern sie als *Natur* verkleidet auftritt:

> »Die privilegierten Klassen rechtfertigen ihre kulturellen Privilegien mit einer Ideologie, die man als charismatisch bezeichnen könnte (da sie nach ›Gaben‹ und ›Begaben‹ wertet), wobei die gesellschaftliche Erbschaft in individuelle Begabung oder persönliches Verdienst umgewertet wird. In dieser Maskierung kann ein ›Klassenrassismus‹ auftreten, der sich seiner selbst niemals bewusst wird. Diese Alchemie gelingt umso besser, als die unteren Klassen ihr keineswegs ein anderes Bild des Studienerfolges entgegenstellen, sondern ihrerseits den Essentialismus der oberen Klassen übernehmen und ihre Unterprivilegierung als persönliches Schicksal erleben« (Bourdieu, 2018a [1964], S. 224).

Bildungsinstitutionen wie Schulen oder Universitäten sind daher strukturell konservativ, ganz gleich welchen Anspruch die Lehrenden auch vertreten mögen. Jede Prüfung orientiert sich am unbewussten Schema habitualisierter Herrschaftsformen, die die herrschende Sozialordnung reproduzieren. Auch die Sozialwissenschaften wirken an dieser Praxis mit, insofern sie historisch die Erscheinungsformen von ihren Voraussetzungen getrennt haben. Bildung vererbt sich entsprechend der existierenden Ungleichheitsstrukturen und erscheint den Einzelnen als natürliche Bestimmung, insofern »ihr soziales Schicksal und ihr Bildungsschicksal auf ihrem Mangel an Fähigkeiten« (Bourdieu, 2018c [1967], S. 343) beruhen. Auch der Aufklärer Bourdieu schlüpft 200 Jahre nach Voltaire in dessen Rolle und entlarvt die Pädagogik und Soziologie als *säkularisierte Theodizee*, die er nun »Soziodizee« nennt:

> »Ist der Bildungsplaner Pangloss weniger erschreckend als der Metaphysiker Pangloss in Voltaires Candide? In der Überzeu-

> gung, dass man nur ordentlich rechnen brauche, um in der besten aller denkbaren Gesellschaften auch das beste aller Bildungswesen zu schaffen, verfallen die neuen optimistischen Philosophen der Sozialordnung in die Sprache aller Soziodizeen, die zu beweisen versuchen, dass die Sozialordnung so ist wie sie sein soll, weil man ihre scheinbaren Opfer nicht einmal mehr zur Ordnung rufen muss, da sie ohnehin bereitwillig das sind, was sie sein sollen« (ebd., S. 339f.).

Dass die tatsächlichen Opfer der sozialen Ungleichheitsdynamik sich nicht als solche fühlen und daher auch kaum rebellieren, ist ausschlaggebend für Bourdieus Nachweis ihrer nahtlosen Reproduktion. Die Konzeption des Habitus als das »Körper gewordenen Soziale« akzentuiert schließlich die Gleichförmigkeit von Handlungen eines Individuums in unterschiedlichen Situationen und zu verschiedenen Zeiten. Er ist maßgeblich für bewusste Entscheidungen und zugleich dem Bewusstsein entzogen. Durch dieses Konzept soll der Anspruch eingelöst werden, das »in der sozialen Welt Zensierte, Verdrängte aufzudecken« (Bourdieu, 1993, S. 22) – ein Unternehmen, das in naher Verwandtschaft zur Psychoanalyse steht und von Bourdieu als »Sozioanalyse« bezeichnet wird (King, 2022). Dabei unterstreicht er vorrangig die Bedeutung des Körpers, in dem die symbolische Herrschaft ihren Niederschlag findet. Auf ihn richten sich die äußeren Blicke, und auf diese reagiert der Körper wiederum symptomatisch:

> »[Die] praktische Anerkennung, durch die die Beherrschten oft unwissentlich und manchmal unwillentlich zu ihrer eigenen Beherrschung beitragen, indem sie stillschweigend und von

> vorhinein die ihnen gesteckten Grenzen akzeptieren, nimmt häufig die Form einer körperlichen Empfindung an (Scham, Schüchternheit, Ängstlichkeit, Schuldgefühl), die nicht selten mit dem Gefühl eines Regredierens auf archaische Beziehungen, auf Kindheit oder familiäre Umgebung, einhergeht. Sie setzt sich in sichtbare Symptome wie Erröten, Sprechhemmung, Ungeschicklichkeit, Zittern um: Weisen, sich dem herrschenden Urteil, sei es auch ungewollt, ja widerwillig, zu unterwerfen, Weisen, das unterirdische Einverständnis – wenngleich manchmal in innerem Konflikt, ›innerlich gespalten‹ zu erfahren, das einen Körper, der sich den Anweisungen des Bewusstseins und des Willens entzieht, mit der Gewalt der den Gesellschaftsstrukturen inhärenten Zwängen solidarisiert« (Bourdieu, 2001, S. 217).

Auch vor dem Hintergrund solch dichter und hermetischer Beschreibungen wurde Bourdieu wiederholt der Vorwurf gemacht, einem sozialen Determinismus das Wort zu reden. Das Konzept des Habitus sei statisch und ließe keinen Raum für Transformationen. Damit unterläge Bourdieu einem Zirkelschluss, wie insbesondere Jacques Rancière in seiner Streitschrift *Der Philosoph und seine Armen* (2010 [1983]) hervorhebt – wir werden darauf zurückkommen. Womöglich auch um sich gegen solche Vorwürfe zur Wehr zu setzen, nimmt das Elend im Spätwerk Bourdieus eine nochmals modifizierte Form an. In seiner Studie zum *Elend der Welt* sucht er seine bedeutsame Stellung zu nutzen und – ähnlich wie 20 Jahre zuvor Foucault und Deleuze – darüber den Ausgeschlossenen eine Stimme zu verleihen. Die Gemeinschaftsarbeit, an der über 20 Autor:innen mitwirkten, wurde trotz ihres immensen Umfangs von mehr als 800 Seiten Anfang der 1990er Jahre zu einem der meistverkauften soziologischen Werke in Frankreich. Der Grund für diesen Erfolg dürfte in einem Zusammenspiel aus formaler Zugänglichkeit – das Werk besteht im Wesentlichen aus nach Schwerpunkten geordneten Interviews, die zum *Verstehen* des Elends beitragen sollen – und thematischer Schwerpunktsetzung liegen. Vor dem Hintergrund der neoliberalen Deregulierungs- und Kürzungspolitik und einer klassenspezifischen Neujustierung der Repression gegen Armut erkennt Bourdieu eine neue Dimension der Verelendung. Sie zeigt sich vornehmlich in den Banlieues, wodurch auch die Kritik an der reißerischen Berichterstattung über die Unruhen in den urbanen Randzonen einen Anlass des Unternehmens bildet. Bourdieu bescheinigt den Ausgeschlossenen nun einen besonderen Blick, der aus der leidvollen Situierung heraus erst an Schärfe gewinnt. Er zitiert einen Ausspruch Spinozas, der maßgeblich für seine politische Ethik des Elends wird: »Nicht bemitleiden, nicht auslachen, nicht verabscheuen, sondern verstehen« (Bourdieu et al., 2005 [1993], S. 13). Unter diesen Umständen problematisiert sich Bourdieu als Forscher selbst. Denn wie kann es gelingen, die Leiden der Menschen zur Sprache zu bringen, »ohne gleichsam Steckbriefe zu entwerfen?« Bourdieu sieht sich nicht in der souveränen Stellung des neutralen Beobachters, wie Rancière unterstellt, vielmehr gilt es, den »befragten Personen so nahe wie möglich« zu sein, »ohne sich dabei ungerechterweise in jenes alter ego, das stets noch, ob man es will oder nicht, ein Objekt bleibt, hineinzuprojizieren, um sich fälschlicherweise zum Subjekt seiner Weltsicht zu machen« (ebd., S. 14). Um dem Bannkreis der symbolischen Gewalt zu entkommen, die auch durch die Interviewsituation selbst reproduziert wird, verlangt der Zugang zum Leid gleichermaßen professionelle Distanz und einfühlende Empathie, um ein »wirkliches Verstehen« hervorzurufen. So bildet das Elend der Welt gleichsam eine Warnung für jede empirische Sozialforschung:

> »Denn eigentlich neigen wir dazu, den mehr oder weniger ritualisierten Äußerungen über das mehr oder weniger allgemeine Elend nur eine Aufmerksamkeit zu schenken, die ungefähr so leer und formell wie das ›Wie geht es Ihnen?‹ ist, welches zu diesen Äußerungen geführt hat. Wir kennen all diese Erzählungen von Erbschafts- und Nachbarschaftskonflikten, von Schulschwierigkeiten und beruflicher Konkurrenz, die wir über die Wahrnehmungskategorien aufnehmen, welche uns einen sparsamen Umgang mit Gedanken, Interesse und Betroffenheit, kurz: Verständnis erlauben, indem sie das Persönliche auf das Unpersönliche, den Schicksalsschlag eines einzelnen auf ›Unter ferner liefen‹ reduzieren« (ebd., S. 399).

In seiner Abschiedsvorlesung *Ein soziologischer Selbstversuch* kommt Bourdieu gewissermaßen als letzte Konsequenz auf die eigene Herkunft und die damit verbundenen Leiderfahrungen zu sprechen: Er, der Sohn eines Postbeamten aus dem ländlichen Südwesten Frankreichs, wird am eigenen Leib mit den Klassenkonflikten eines sozialen Aufsteigers konfrontiert. Noch später im fernen Paris wird er sich mitten im Feld der Bildungselite fremd und deplatziert fühlen. Den eigenen Habitus beschreibt er mit dem Vokabular der Psychoanalyse als »gespalten« und von »Widersprüchen« beherrscht (Bourdieu, 2002, S. 113).

Bourdieus enger Freund und Weggefährte Didier Eribon, der die methodische Selbstbefragung noch wesentlich weitertreiben sollte, schildert exemplarisch einen daraus resultierenden Konflikt, der im Streichen einer Interviewpassage im *Elend der Welt* mündet. Im entsprechenden Abschnitt beschreiben zwei Jugendliche aus den Banlieues ihre Rassismuserfahrungen mit zwei weißen Frauen aus der Nachbarschaft und kokettieren mit dem Einsatz physischer Gewalt gegen sie. Eribon wundert sich über Bourdieus Verbindlichkeit den jungen Männern gegenüber, deren Darstellung er als »ziemlich einseitig« (Eribon, 2017, S. 44) empfand. Im Anschluss eröffnete ihm Bourdieu, dass er sich mit den Jugendlichen stark identifizieren konnte. Die Passage über die Schläge taucht in dem Werk nicht auf, gleichwohl beschreibt Bourdieu in seiner Abschiedsvorlesung das eigene Heranwachsen als eine ständige »innere Auflehnung«, die sich immer am »Rande der Straftat« bewegt. Dies führe dazu, so Bourdieu weiter,

> »in völliger Mißachtung meines Alters und meiner Stellung – die vielleicht etwas weit ging, wie man mir dann sagte, bis hin zu bestimmten Verhaltensweisen, die normalerweise als völlig unmöglich angesehen werden – mit dem algerischstämmigen Jungen in *Das Elend der Welt* und seinem Freund ins Gespräch zu kommen und das zutiefst Hilflose hinter ihrer widerspenstigen Unzulänglichkeit wahrzunehmen [...]« (Bourdieu, 2002, S. 109)

Zur Einordnung der Situation spricht Eribon von einem »Elend der Position«, das in diesem Fall das allgemeinere »Elend der Umstände« (Eribon, 2017, S. 59) überdeckt habe. Bourdieu habe den Fehler gemacht, sich mit der konkreten Position identifiziert zu haben – und dadurch die Umstände aus dem Blick verloren.

In seinem bereits zitierten Besteller *Rückkehr nach Reims*, das laut Selbstauskunft das Nachfolgebuch zu den *Feinen Unterschieden* bilden sollte, lässt Eribon Bourdieus Anspruch eines umfassenden soziologischen Blicks hinter sich und bringt stattdessen das Elend durch die eigene Geschichte hindurch zum Sprechen. Seine Schilderung eines homosexuellen Intellektuellen aus einer Arbeiterfamilie wurde seitdem vielfach interpretiert und wohl auch mindestens ebenso oft instrumentalisiert. Insbesondere der Umstand, dass Eribon aus einem kommunistischen Elternhaus stammt, das später geschlossen den rechtsextremen Front National wählte, verlieh dem Buch politische Brisanz. Dessen ungeachtet soll es hier darum gehen, inwiefern Eribon Bourdieus persönliche Einlassungen weitertreibt, um dadurch einen autobiografischen Zugang zum proletarischen Leid zu entwickeln. Während Bourdieus biografische Erfahrung dazu führte, hinter den wissenschaftlichen Anspruch der Objektivität zurückzufallen, erhebt Eribon die Autobiografie zum Erkenntnisinstrument. Eribon ist Repräsentant seiner Klasse, der er doch zugleich entkommen ist. Daher geht es weniger um das Leid der Anderen als um die Scham vor der eigenen Herkunft. Bourdieu weist im Schreibstil noch eine gewisse Distinktion auf, wohingegen Eribons Ausführungen bewusst aufwühlend sind. So ist es wohl kein Zufall, dass auch er an manchen Stellen ein großes Verständnis für klassenspezifische Verhaltensformen aufbringt. Es scheint manchmal fast, als würde für Eribon das Leid der sozialen Position die Verantwortung für das jeweilige Handeln dispensieren.

> »Mit etwas Abstand frage ich mich, ob der Rassismus meiner Mutter (der Tochter eines Immigranten!) und ihre ungehemmte Verachtung für eingewanderte Arbeiter (insbesondere ›Araber‹) nicht Mittel waren und bis heute sind, um sich gegenüber noch ärmeren und ohnmächtigen Menschen in Überlegenheit zu wiegen […]. Vielleicht erfuhr sie in der Abwertung der anderen eine Aufwertung ihres Selbstbilds, vielleicht sah sie darin einen Weg, die eigene Existenz zu verteidigen« (Eribon, 2016, S. 138f.).

Vorrangig Eribons Interpretation der Beweggründe für die Wahl rechtsextremer Parteien als »Notwehr der unteren Schichten«, die darüber versuchen »ihre kollektive Identität zu verteidigen« (ebd., S. 124), kann bestenfalls als ein recht eindimensionales Erklärungsmuster für das Erstarken der extremen Rechten gelten. Galt für Engels die Zuspitzung der sozialen Frage einst noch als Garant für die Emanzipation der Gesellschaft, wird bei Eribon das Versagen der Linken in der Beantwortung dieser zum exklusiven Erklärungsmuster für den Aufstieg des Faschismus. Der Miteinbezug der eigenen Herkunft erweist sich demnach weniger geeignet als Instrument zur Analyse des Aufstiegs rechter Parteien denn zur Erklärung der sozialen Praktiken, die in der Scham über die eigene Klassenherkunft münden. Ähnlich wie Bourdieus Protagonisten im *Elend der Welt* schildert Eribon bis ins kleinste Detail anhand der eignen Kindheit, welcher Anstrengung es bedurfte, um der »Rohheit des Volksmundes« (ebd., S. 151) zu entkommen:

> »Auch das Sprechen musste ich von Grund auf neu lernen: fehlerhafte Aussprachen oder Wendungen korrigieren, Regionalis-

> men verlernen [...], den Zungenschlag sowohl des Nordostens als auch der Arbeiterschicht ablegen, mir ein feineres Vokabular und präzisere grammatikalische Konstruktionen angewöhnen – kurz: Ich musste meine Sprache und meine Ausdrucksweise permanent überwachen« (ebd., S. 98f.).

Bereits Bourdieu legte in seiner Abschiedsvorlesung Zeugnis über die eigene Verstrickung in symbolische Gewaltverhältnisse am Beispiel der Sprache ab und kann damit als Begründer des Genres der *Autosozioanalyse* gelten (Rieger-Ladich & Grabau, 2018). Indes geht er in den Augen Eribons dabei nicht weit genug. So nennt Bourdieu »keines der Bücher, die er las« und sagt nichts über persönliche Beziehungen, die ihn beeinflussten; kurzum: »Er schreibt viel zu reserviert und schamhaft [...]. Er traut sich nicht wirklich sich selbst zu exponieren, seine Auskünfte weisen unübersehbare, wesentliche Lücken auf. Er verschweigt mehr, als er offenlegt« (ebd., S. 153). Paradoxerweise weist Bourdieu auf diese indirekte Selbstzensur hin, wenn er seine Sorgen reflektiert, als nicht seriös und wissenschaftlich genug zu gelten. Ungeachtet dessen und ungeachtet der durchaus harten Vorwürfe, die Eribon seinem väterlichen Freund Bourdieu macht, beschreiben beide den Bildungsaufstieg als eine schmerzliche und zugleich erkenntnisstiftende *Klassenreise*. Das Gefühl, ein Fremdkörper zu bleiben und eine innere Zerrissenheit zu verspüren, dominiert die Bildungsbiografien der zwei sozialen Aufsteiger, die zu intellektuellen Stars in Frankreich wurden. Die beschriebene Scham, aus dem proletarischen Milieu zu entstammen, führt zu einer paradoxen Hinwendung zum akademischen Marxismus, der für Eribon einen »Ausdruck der Entschlossenheit« symbolisiert, der Welt der Eltern zu entfliehen. »Mein jugendlicher Marxismus war also ein Instrument meiner eigenen sozialen Desidentifikation. Ich glorifizierte die Arbeiterklasse, um mich leichter von den realen Arbeitern abgrenzen zu können. Wenn ich Marx und Trotzki las, glaubte ich, Teil der Avantgarde zu sein« (ebd., S. 81). Der Marxismus bildet Eribons Eintrittskarte in die bürgerliche Gesellschaft. Dadurch entwickelt er aber zugleich das Gefühl, »Klassenverrat« (Eribon, 2017, S. 198) begangen zu haben.

Während Eribon für sich beanspruchen kann, Bourdieus Denken autobiografisch radikalisiert zu haben, provozierte dessen soziologische Ungleichheitsforschung auch Kritik durch eine Philosophie, die sich konsequent dem Modell Gleichheit und der Emanzipation verschrieben hat. Jacques Rancières teilweise heftige Polemik gegen den »Soziologenkönig« Bourdieu entzündet sich an dieser Differenz. Anders als Bourdieu, der die ungleich verteilen Chancen untersucht, bringt Rancière eine unhintergehbare Gleichheit gegenüber Bourdieu in Stellung: »Wer von der Ungleichheit ausgeht, ist sicher sie am Ende wiederzufinden.« Dagegen gilt es für Rancière, Bourdieu auf den Kopf zu stellen und den Versuch zu unternehmen, von der Gleichheit ausgehend diese »unendlich auszudehnen« (Rancière, 2010 [1983], S. 301).

Zwar ist Rancières Kritik an der reibungslosen Reproduktion der Ungleichheit im Hinblick auf das Spätwerk Bourdieus so nicht haltbar. Indes trifft der Vorwurf, Bourdieu unterschätze das Emanzipationspotenzial und die Reflexionsfähigkeit der Einzelnen und übersehe so eine fundamentale Gleichheit der Akteure, eine empfindliche Leerstelle. In seinem Nachwort zu *Der Philosoph und seine Armen* interpretiert Rancière den Kurzschluss zwischen *Leiden* und *Unkenntnis*, den Bourdieu vollziehe, als eine intellektuelle Bevormundung: »Das erste Leiden ist genau das, als Leidender behandelt zu werden.« Die Soziologie lindere gerade kein Elend dadurch, »dass sie die Ursache des Leidens erhellt« (ebd., S. 302). Dagegen insistiert Rancière ähnlich wie Eribon auf eine strikte Parteinahme, die sich wissenschaftlich nicht ausdrücken lässt:

> »Denn das erste intellektuelle Übel ist nicht die Unwissenheit, sondern die Verachtung. Die Verachtung macht den Unwissenden, und nicht der Mangel an Wissen. Und die Verachtung lässt sich durch keine Wissenschaft heilen, sondern nur durch Parteinahme für ihr Gegenteil, für die Wertschätzung« (ebd., S. 302).

Gleichsam als pädagogischen Schachzug setzt Rancière dem Unwissen der Beherrschten das Unwissen der Wissenden entgegen. In seiner Studie *Der unwissende Lehrmeister* untersucht er an einem historischen Beispiel Formen der Aneignung und Vermittlung von Wissen, als Bedingung der Möglichkeit von Emanzipationsprozessen. Mit seiner bildungstheoretischen Schrift mischt sich Rancière – wie bereits Bourdieu – Mitte der 1980er Jahre in die politische Bildungsdiskussion ein. Bourdieu führt gegen die neutrale Gleichbehandlung aller Schüler:innen die ungleichen Vorrausetzungen ins Feld, dagegen nimmt Rancière einen historischen Umweg, der auf die Spur der Gleichheit führen soll, indem er dem Anti-Pädagogen Joseph Jacotot (1770–1840) ein philosophisches Denkmal setzt. Jacotots Methode des Universalunterrichts entstand als Behelfslösung, als dieser – nicht des Flämischen mächtig – an der Universität Löwen Studenten unterrichten sollten, die wiederum kein Französisch sprachen. Jacotot musste daher von einer Gleichheit aller als *Grundlage* und nicht als *Resultat* der Bildung ausgehen. Als didaktische Brücke nutzte er eine zweisprachige Ausgabe des *Telemach*, mithilfe dessen Lehrer und Studenten gleichermaßen lernten. Jacotot hebt durch seine Methode die Distanz zwischen *Wissen* und *Unwissen*, zwischen *Erklärenden* und *Verstehenden* auf, von der der »pädagogische Mythos« einer entzweiten Welt von höherer und niederer Intelligenz bis heute lebt:

> »Der Erklärende braucht den Unfähigen, nicht umgekehrt. Er ist es, der den Unfähigen als solchen schafft. Jemandem etwas erklären heißt, ihm zuerst zu beweisen, dass er nicht von sich aus verstehen kann. Bevor die Erklärung ein Akt des Pädagogen ist, ist sie der Mythos der Pädagogik, das Gleichnis einer Welt, die in Wissende und Unwissende geteilt ist, in reife Geister und unreife Geister, fähige und unfähige, intelligente und dumme« (Rancière, 2009 [1987], S. 16).

Dieser Mythos verhindere eine Emanzipation, die für Rancière grundsätzlich im Verlassen zugeschriebener Positionen besteht, seien dies nun Proletarier:innen, Schüler:innen oder Lehrer:innen. Danach können sich die Menschen alles beibringen, wofür sie sich interessieren, ähnlich dem Lernen der Sprache über den *Telemach*. Der vorherrschende Unterricht trägt in den Worten Rancières zum *Verdummen* bei. Demgegenüber proklamiert er einen nicht weiter ausgewiesenen

Willen als Grundlage der Emanzipation. Diesen hält er – im Gegensatz zur Intelligenz – durchaus für förderungsbedürftig. So nennt Rancière erst »den Akt einer Intelligenz, die nur sich selbst gehorcht, selbst wenn der Wille einem anderen Willen gehorcht, *Emanzipation* […]« (ebd., S. 24).

Ob Rancières Position mit der Bourdieus tatsächlich dermaßen unvereinbar ist, wie die Schärfe der Auseinandersetzung vermuten lässt, war bereits Gegenstand vieler Debatten. Jens Kastner und Ruth Sonderegger (2014) weisen darauf hin, dass beide als Denker der Emanzipation gelten müssen, insofern sie sowohl die Stärkung des Willens bei Rancière als auch die Warnung vor den Illusionen bei Bourdieu als Ziel verfolgen. Wie Rancière geht auch Bourdieu davon aus, dass Intellektualität und Begabung Produkte kultureller Unterschiede und nicht angeborener oder kognitiver Natur sind. Rancière übersieht, dass Bourdieus Verabschiedung von dem in den *Feinen Unterschieden* durchaus noch vorherrschenden Ideal eines göttlichen Standpunktes vor dem Hintergrund einer neu akzentuierten Erkenntnis des Elends stattfand, das nun eine eigene Sprache spricht und daher einer eigenen Repräsentationslogik unterliegt.

Offenkundig hat diese Form der Selbstbefragung in emanzipatorischer Absicht ihre historischen und insbesondere feministischen Vorläufer: So bildeten die autobiografischen Schriften von Annie Ernaux das Vorbild für Eribon. Und bereits 1909 veröffentlichte die mit Engels und Bebel befreundete Adelheit Popp ihr vielgelesenes Werk *Jugend einer Arbeiterin* (Popp, 2019). In all jenen Werken geht es immer auch um das Verhältnis von Repräsentation und Emanzipation. Das Elend wird hier nicht mehr, wie noch bei Engels, allein sozialräumlich und ökonomisch festgelegt. Es beschränkt sich auch zunehmend weniger auf eine identifizierbare Gruppe, der dann bestimmte Eigenschaften zugeschrieben werden. Der von Bourdieu und Eribon in Anschlag gebrachte weite Begriff des Elends versucht nicht zuletzt über die eigene Biografie vermittelt die Hierarchisierungen und Trennlinien von absoluter oder relativer Verelendung infrage zu stellen. Nun geht es um die kleinen Leiden im Alltag ganz gewöhnlicher Menschen. Und es geht darum, diese Leiden in ihrer Singularität zu verstehen. Das bedeutet freilich auch, dass die subjektive Positionierung des Alltagselends tendenziell Gefahr läuft, einem Relativismus das Wort zu reden. Andererseits – hält Thomas Lemke fest –

> »ist es aber genau diese absolutistische Zentralperspektive auf das Elend, die dazu führt, alle Formen des Elends am universellen Maßstab materieller Not zu messen. Auf diese Weise wird es unmöglich, andere Formen des Leidens wahrzunehmen, als solche, die sich nach diesen Kriterien für den Status des (wahren) Elends qualifiziert haben« (Lemke, 1998, S. 93).

Während sich Bourdieu und Rancière vornehmlich dem Blick der Forschenden *auf* das Elend und der Aufbereitung *des* Elends widmen, sollte alsbald aus einer explizit postkolonialen Warte die Frage nach den Bedingungen der Repräsentation des Elends für Furore sorgen. Wie schon Foucault und Deleuze betrachtete sich Bourdieu als Teil einer Emanzipationsbewegung, die gleichsam durch die Theorie wie den Theoretiker:innen ambivalent verkörpert wurde. Denn der Bildungsaufsteiger Bourdieu – und nach ihm Eribon – ist

Repräsentant einer unterprivilegierten Schicht, und zugleich ist er es, sobald er auf geteiltes Gehör stößt, auch *nicht mehr*. Mag auch der soziale Aufstieg für Bourdieu und mehr noch für Eribon eine erfolgreiche Flucht aus dem Elend bedeuten, so kann dieser niemals in gleicher Weise repräsentativ für die Klasse beansprucht werden, der man entkommen ist.

Diese eigentümliche Stellung der Intellektuellen ist der Ausgangspunkt von Gayatri Chakravorty Spivaks zum postkolonialen Klassiker avancierten Essay *Can the Subaltern Speak?* Spivak nimmt ein Gespräch zwischen Foucault und Deleuze in *Die Intellektuellen und die Macht* zum Anlass, die Rolle der Expert:innen der Emanzipation zu kritisieren. Paradoxerweise ist genau dies auch das Anliegen der Experten Foucault und Deleuze. Denn die beiden zielen im Gespräch darauf, dass der klassische Intellektuelle, der eine subalterne Klasse repräsentiert, abgedankt habe. Foucault und Deleuze haben mit ihrer Kritik Kader der französischen Maoisten vor Augen, die nach 1968 für sich in Anspruch nahmen, das durch sie erlangte richtige Bewusstsein in die proletarischen Klassen hinein zu tragen. Wie bereits am Anfang des Kapitels dargestellt, geht es der von Foucault und Deleuze begründeten GIP umgekehrt darum, dieses usurpatorische Repräsentationsverhältnis zu brechen und »die Bedingungen bereitzustellen, unter denen die Gefängnisinsassen selbst sprechen können« (Foucault & Deleuze, 2002 [1972], S. 383). Jedoch ergeht es den beiden Gesprächspartnern ebenso wie Bourdieu: Sie unterliegen einem performativen Selbstwiderspruch, insofern sie die *für sich selbst sprechenden Subalternen* genau dadurch repräsentieren, dass sie ihnen nun einen vollkommen transparenten Bewusstseinszustand unterstellen. Insbesondere Foucault rückt sukzessive von jeder pädagogischen Vermittlungsform ab, wenn er behauptet: »Und als die Gefangenen zu sprechen begannen, hatten sie selbst eine Theorie des Gefängnisses, der Strafordnung und der Justiz« (ebd., S. 386). Spivaks Kritik entzündet sich daher am Zurückweisen der nicht aufzugebenden Rolle der intellektuellen Repräsentation. Aus Sicht der globalen Randzone bemerkt sie, dass das Elend der Subalternen durch die »epistemische Gewalt« (Spivak, 2008 [1988], S. 42) der kolonialen Wissensproduktion aus dem Diskursraum verbannt würde. Exemplarisch wird von Spivak auf eine im Gespräch vorherrschende intersektionale Leerstelle hingewiesen, die sich in dem Augenblick auftut, wenn Deleuze auf den Zusammenhang von polizeilicher Repression gegen Migrant:innen und gegen proletarische Arbeitskämpfe zu sprechen kommt: Hier zeige sich nach Spivak erneut, »dass sich die Dritte Welt am Widerstandsprogramm einer Allianzpolitik, die gegen eine vereinheitlichende Repression gerichtet ist, nur dann beteiligen kann, wenn sie auf Gruppen der Dritten Welt beschränkt wird, die der Ersten Welt direkt zugänglich sind« (ebd., S. 61). Unterdessen nimmt Spivak die subalternen Kämpfe derjenigen in den Blick, die keinerlei intellektuelle und politische Aufmerksamkeit genießen und die von allen Mobilitätslinien abgeschnitten sind. Ihr kontrovers diskutiertes Beispiel ist die doppelte Subalternität kolonialisierter Frauen, die sich in der Praktik der indischen Witwenverbrennung artikuliert. Während in der patriarchalen Kastengesellschaft Indiens der Selbstmord verboten war, existierte eine Ausnahme, wenn sich Witwen bei den Todesfeiern ihrer Ehemänner selbst opferten. Die britische Kolonialmacht nahm diese Praxis als Beleg für die zivilisatorische Rückständigkeit der kolonialisierten Männer und unterband die Praxis per Gesetz. Für Spivak ist nun der nicht-diskurse Zwischenraum, in dem sich die Witwen befinden, von zentraler Bedeutung: »Es gibt keinen Raum, von dem aus das vergeschlechtlichte subalterne Subjekt sprechen kann« (ebd., S. 103). Denn jede Äußerung der Frauen konnte als Legitimation der eigenen Position missbraucht werden. Die Witwen – so die prominent gewordene Schlussfolgerung – haben keine Möglichkeit, »gehört oder gelesen zu werden« (ebd., S. 105). »Die Subalterne kann nicht sprechen«, so lautet schließlich Spivaks vieldiskutierte Antwort auf den sich als rhetorische Frage verkleidenden Titel ihres Essays. Dabei artikuliert sich das *Nicht-Sprechen-Können* auf dreifache Weise:

1. am Sprechen gehindert zu werden,
2. zum Verstummen gebracht zu werden und
3. gar nicht erst vernommen zu werden.

Spivak sieht die Rolle der postkolonialen Intellektuellen darin, diesem dreifachen Verstummen Räume der Artikulation entgegenzusetzen. Auch wenn sie mehrfach darauf hingewiesen hat, als amerikanische Professorin selbst nicht subaltern zu sein, stieg sie schnell zur Repräsentantin derjenigen auf, die nicht sprechen können – eine Rolle, die mit ihrer ursprünglichen Kritik an Deleuze und Foucault durchaus in Einklang gebracht werden kann. In den Worten Rancières artikuliert sich durch die Repräsentation dieses »Anteils der Anteillosen« (Rancière, 2002 [1995], S. 22) ein politisches *Unvernehmen* – so der Titel seines Hauptwerkes –, das der (polizeilichen) Aufteilung einen Dissens entgegensetzt. Spivak wäre sich wohl auch mit Bourdieu darin einig, ihre Aufgabe darin zu erkennen, den Subalternen die Bedingungen einer Emanzipation in Form von Repräsentation und Übersetzung zu ermöglichen. Beide entwerfen eine Ethik der *advokatorischen Verantwortung*, diskursive Räume für Nicht-Repräsentierte zu schaffen. Auch den feministischen Impuls nahm der späte Bourdieu durchaus ernst und übertrug die Logik seines Entnaturalisierungsprogramms in *Die männliche Herrschaft* (2012 [1998]) auf die symbolische Gewalt der sozialen bzw. habituellen Geschlechterdifferenzen. Ähnlich der schulischen Sortierung qua Begabung besteht schließlich auch die patriarchale Gewalt darin, sich als Natur zu legitimieren.

Zumindest akademisch scheint die Problematisierung der Repräsentation von Erfolg gekrönt zu sein. So schwappte in den letzten Jahren eine regelrechte Welle an neuen biografisch motivierten Beschreibungen von kleinen Leiden und alltäglichem Elend durch die publizistische Landschaft. Insbesondere Eribons *Autosozioanalyse* wurde zur Bezugsgröße aktueller Klassismus-Debatten. Diese verfolgen den Anspruch, den intersektionalen Blick auf Herrschaftsverhältnisse die entlang der Kategorien Geschlecht, Ethnie und Körper verlaufen, um eine ökonomische Dimension der Armut zu erweitern (Kemper & Weinbach, 2009). Auch wenn Klassismus vornehmlich als Diskriminierungsform und nicht mehr als strukturelles Ausbeutungsverhältnis thematisiert wird und so die Gesellschaftsanalyse den Auseinandersetzungen oftmals äußerlich bleibt, wird dadurch den präzisen und detaillierten Schilderungen des alltäglichen Leids vermehrt Aufmerksamkeit zuteil. Neben wissenschaftlichen Studien existieren mittlerweile eine ganze Reihe von persönlichen Essays und autofiktionalen Romanen. So entstand ein zeitgenössisches Genre des negativen Entwicklungsromans, für den sich nicht zuletzt Édouard Louis (2015) – Student und Weggefährte Eribons – verantwortlich zeigt. Auch Louis schildert in seinem Roman *Das Ende von Eddy* mit dem soziologischem Vokabular Bourdieus das Heranwachsen in der nordfranzösischen Provinz, das gleichsam von Entbehrungen, Härte, Homophobie und Rassismus geprägt ist. Und auch Eddy findet seinen Weg aus der Provinz nach Paris, wo Louis an der Elite-Hochschule École normale supérieure studiert. Neben dem sozialen Aufstieg ist den Werken eine scheinbar authentische Selbstexploration zu eigen. Der Rapper Darren McGarvey (2019), dem wir das Buch *Armutssafari* aus dem Genre verdanken, spricht daher von einem regelrechten Zwang zum Elendstagebuch, das gerade dadurch die versprochene Authentizität einbüßt. Auch ist bei vielen dieser biografischen Offenbarungen bemerkenswert, dass sie Bourdieus These der schulischen Reproduktion der Klassengesellschaft auf den ersten Blick zu widerlegen scheinen, sind die meisten Protagonist:innen der Biografien doch erfolgreiche Bildungsaufsteiger:innen. Tatsächlich verdeutlichen die Schilderungen indes, von welcher Gewalt und Kontingenz jene Aufstiege geprägt sind. Hier wird offenbar, dass dieser individuelle Emanzipationsprozess als kollektive Konstellation ausbleibt, was sich im folgenden Kapitel mit Blick auf das Elend der Anderen abermals zeigt.

5 Das Elend der Anderen

Oder über Emanzipation und Naturbeherrschung

> »Man sagt, dass unsere Epoche das Jahrhundert der Arbeit sei; in Wirklichkeit ist es das Jahrhundert des Leids, des Elends und des Verfalls.«
>
> *Paul Lafargue (2018 [1880], S. 18)*

Philosophiegeschichtlich lässt sich das Aufkommen bestimmter Menschheitsfragen in der Regel nicht exakt datieren. Geschieht dies doch, so meist unter dem Aufwand einer großen Konstruktionsleistung. Ein diesbezüglich häufig aufgerufener Termin ist der 16. Juli 1945, 5:29:45 Uhr (GMT–6). Es handelt sich um das Datum der ersten erfolgten Zündung einer Atombombe in New Mexiko. Spätestens seit diesem Zeitpunkt reißen die Debatten um die potenzielle Selbstauslöschung der Menschheit nicht mehr ab, gleichwohl wandelt sich ihre Gestalt. Seit jenem Morgen in der Wüste von New Mexiko – so ließe sich behaupten – scheint die »Schicksalsfrage der Menschenart«, die Freud in seinem *Unbehagen in der Kultur* angetreten war, zu beantworten, auf ein Ereignis zusammengeschmolzen: das Zünden einer Bombe. So verwundert es auch kaum, dass gegenwärtig wieder Denker wie Günther Anders oder Hans Jonas, die sich insbesondere der Frage nach der Technik im Angesicht der atomaren Bedrohung widmeten, neu gelesen und interpretiert werden. Dies geschieht vor dem nicht zu datierenden, andauernden Prozess des Klimawandels respektive der globalen Erderwärmung. Dabei wird die jeweils verhandelte Frage nach der Selbsterhaltung der Menschengattung bereits in der Zwischenkriegszeit in Freuds kulturtheoretischen Schriften behandelt sowie wenige Jahre vor dem Bau der Atombombe in der *Dialektik der Aufklärung* von Max Horkheimer und Theodor W. Adorno. Diesem, während des Zweiten Weltkrieges zwischen 1939 bis 1944 im kalifornischen Exil entstandenen und 1947 veröffentlichten Werk gilt im Folgenden unsere Aufmerksamkeit. Ihr Text versucht dabei nichts Geringeres, als den Prozess zu begreifen, »warum die Menschheit, anstatt in einen wahrhaft menschlichen Zustand einzutreten, in eine neue Art von Barbarei versinkt« (Horkheimer & Adorno, 1981 [1944/1947], S. 11). Dabei geht die wohl folgenschwerste Schrift der Kritischen Theorie über eine kulturpessimistische Gegenwartsanalyse hinaus. Entgegen anderer prominenter Zeitdiagnosen jener Zeit, wie etwa Oswald Spenglers *Untergang des Abendlandes*, wird die Genese des Subjekts über die äußere Naturbeherrschung als dialektische Verschränkung von Rationalität und Mythos herausgearbeitet. Damit erheben Horkheimer und Adorno Einspruch sowohl gegen den universalhistorischen Fortschrittsglauben der marxistischen Geschichtsschreibung wie auch gegen reaktionäre Zivilisationskritik konservativer Provenienz. Der naturgeschichtliche Zugang meint also keine Naturwissenschaft der Evolutionsbiologie oder dergleichen, sondern ein spezifisches *Eingedenken* von Naturbeherrschung und Naturverfallenheit – wie es in Anlehnung an Benjamin lautet. In diese Dialektik können die technikphilosophischen Reflexionen, wie sie von Anders oder Jonas in Anbetracht der atomaren

Bedrohung vorgenommen wurden, nicht umstandslos integriert werden. Gleichwohl tendiert auch Adorno in manchen Passagen dazu, einen nahtlosen Prozess der fortgesetzten Naturbeherrschung zu behaupten – etwa wenn es in der *Negativen Dialektik* lautet: »Keine Universalgeschichte führt vom Wilden zur Humanität, sehr wohl eine von der Steinschleuder zur Megabombe« (Adorno, 2003d [1966], S. 314). Dagegen besteht der Kern der Fragment gebliebenen Schrift darin, zu zeigen, dass der Aufklärung ein Doppelcharakter innewohnt, der sich in einem großen Bogen »bis zum Beginn überlieferter Geschichte« (Horkheimer & Adorno, 1981 [1944/1947], S. 62) zurückverfolgen lässt. Der Begriff der Aufklärung wird also nicht auf die Epoche im Europa des 18. Jahrhunderts beschränkt, sondern in seiner Früh- und Vorform erfasst. Nicht mehr die Geschichte des Klassenkampfes, sondern die Dialektik der Naturbeherrschung steht also im Vordergrund des Interesses. So wird über verschiedene Epochen hinweg der Prozess der Aufklärung als zunehmende »Entzauberung der Welt« (ebd., S. 21) durch eine wachsende Rationalisierung nachvollzogen. Das Autorenpaar bringt den Grundgedanken des Werkes auf die einschlägige These: »[S]chon der Mythos ist Aufklärung, und: Aufklärung schlägt in Mythologie zurück« (ebd., S. 16). Die äußeren Pole eines ursprünglichen und mythischen Elends innerhalb des Prozesses der emanzipatorischen Aufklärung selbst sind also miteinander verflochten. Gleichwohl – so die negative Bilanz des Werkes – sind die frühen Versuche der Menschen, die Natur zu beherrschen und dadurch emanzipatorischen Spielraum zu gewinnen, zwar durch eine wissenschaftlich-technische Rationalität ersetzt worden. Diese schlägt aber in eine neue Abhängigkeit um:

> »Die Naturverfallenheit der Menschen heute ist vom gesellschaftlichen Fortschritt nicht abzulösen. Die Steigerung der wirtschaftlichen Produktivität, die einerseits die Bedingungen für eine gerechtere Welt herstellt, verleiht andererseits dem technischen Apparat und den sozialen Gruppen, die über ihn verfügen, eine unmäßige Überlegenheit über den Rest der Bevölkerung. Der Einzelne wird gegenüber den ökonomischen Mächten vollends annulliert. Dabei treiben diese die Gewalt der Gesellschaft über die Natur auf nie geahnte Höhe. Während der Einzelne vor dem Apparat verschwindet, den er bedient, wird er von diesem besser als je versorgt« (ebd., S. 15).

Im Triumph der Rationalität der Aufklärung, durch die sich der Mensch zum Herrscher über die Natur erhebt, betonen Horkheimer und Adorno die irrationale Schattenseite eines Prozesses, bei dem die Vernunft zum kapitalistischen Herrschaftsmittel über Natur und Menschen gerät. Die schließlich im Faschismus auf das Äußerste gesteigerte Unmenschlichkeit bildet demnach nicht das ganz Andere der Vernunft, sondern ist Bestandteil ihrer Herrschaftslogik: »Der Faschismus ist totalitär auch darin, daß er die Rebellion der unterdrückten Natur gegen die Herrschaft unmittelbar der Herrschaft nutzbar zu machen strebt« (ebd., S. 210). »Seit je«, wird gleich zu Beginn des Buches geschrieben, »hat Aufklärung im umfassendsten Sinn fortschreitenden Denkens das Ziel verfolgt, von den Menschen die Furcht zu nehmen und sie als Herren einzusetzen. Aber die vollends aufgeklärte Erde strahlt im Zeichen triumphalen Unheils« (ebd., S. 19).

Wer die *Dialektik der Aufklärung* gelesen hat – so ließe sich pointieren – ist zwar nach wie vor entsetzt über den Zustand der Welt, aber nicht überrascht. Denn das »Eingedenken der Natur im Subjekt« (ebd., S. 58) eröffnet einen Gedankengang, den wir bereits bei Freud kennengelernt haben: Die Inauguration als Herr gelingt erst durch Distanzgewinnung zur Natur, der gleichwohl eine Verleugnung innewohnt. Je größer aber der Abstand zur Natur gerät, desto mehr entfremdet man sich von dieser und verstrickt sich dadurch noch tiefer in den Naturzwang. Psychoanalytisch gewendet, kehrt das Verdrängte wieder in der Dialektik der Naturbeherrschung. Oder in den Worten der Dialektik: »Zivilisation ist der Sieg der Gesellschaft über Natur, der alles in bloße Natur verwandelt« (ebd., S. 211).

Resultat dieser leidvollen Geschichte der Zivilisation ist ein spezifischer Rationalitätstypus, dessen erste Spuren die Autoren im antiken Mythos freilegen, wie anhand der Figur des Odysseus gezeigt wird: So gilt der »listige Einzelgänger« Odysseus schon als »der homo oeconomicus, dem einmal alle Vernünftigen gleichen« (ebd., S. 80f.). Dessen leidvolle Subjektwerdung wird exemplarisch in der Vorbeifahrt an den Sirenen veranschaulicht: Dem Epos Homers folgend, verführen die Sirenen alle die Insel passierenden Seeleute durch ihren Gesang dazu, sich ihnen hinzugeben. Anschließend sterben sie:

> »Der zwölfte Gesang der Odyssee berichtet von der Vorbeifahrt an den Sirenen. Ihre Lockung ist die des sich Verlierens im Vergangenen. Der Held aber, an den sie ergeht, ist im Leiden mündig geworden. In der Vielfalt der Todesgefahren, in denen er sich durchhalten mußte, hat sich ihm die Einheit des eigenen Lebens, die Identität der Person gehärtet« (ebd., S. 49).

Odysseus allerdings widersteht dem verlockenden Gesang der Sirenen, indem er – nach der Warnung Kirkes – eine »Lücke im Vertrag aufgespürt« (ebd., S. 78) hat. Er lässt sich an den Mast ketten und kann den betörenden Gesang hören, während seine Ruderer mit verstopften Ohren arbeiten und den Verlockungen nicht erliegen. So schenkt er den Sirenen sein Gehör, betrügt sie aber um die Folgen, während das erste Mal Herrschaft und Arbeit in den Figuren der Ruderer und des Odysseus auseinandertreten. Zugleich überlebt Odysseus nur »um den Preis seines eigenen Traums, den er abdingt, indem er wie die Gewalten draußen sich selbst entzaubert« (ebd., S. 76). Der sich selbst behauptende Odysseus verdankt sich der Arbeitsteilung und dem Verzicht auf das Glück der vollen Erfahrung durch das »Opfer des Augenblicks an die Zukunft« (ebd., S. 69). Er entledigt sich der fremden Herrschaft, indem er sich selbst und Andere beherrscht. Identitätsbildung wird durch Selbstunterdrückung und Fremdherrschaft erkauft, die sich jeweils durch Entsagungen vollzieht. Das Grundmotiv der Sirenen-Episode taucht als ewige Wiederkehr des Gleichen etwa in der Verlängerung der Arbeit als Kulturindustrie auf, die auf dem höchsten Stand der Technik ihre Konsument:innen in ständiger Wiederholung bannt. Darüber hinaus gipfelt es schließlich im gewaltvollen Wahn des Antisemitismus, der an seinen Opfern den verdrängten eigenen Wunsch vernichten möchte und die Grenzen der Aufklärung bekundet:

> »Gleichgültig wie die Juden an sich selber beschaffen sein mögen, ihr Bild, als das des Überwundenen, trägt die Züge, denen die totalitär gewordene Herrschaft todfeind sein muß: des Glückes ohne Macht, des Lohnes ohne Arbeit, der Heimat

> ohne Grenzstein, der Religion ohne Mythos. Verpönt sind diese Züge von der Herrschaft, weil die Beherrschten sie insgeheim ersehnen« (ebd., S. 225).

Die Botschaft einer Selbstbesinnung der Vernunft wurde von ihren Autoren mangels Adressat:innen im Krieg mit der Metapher der Flaschenpost versehen und an einen fiktiven Zeugen verschickt:

> »Wenn die Rede heute an einen sich wenden kann, so sind es weder die sogenannten Massen, noch der Einzelne, der ohnmächtig ist, sondern eher ein eingebildeter Zeuge, dem wir es hinterlassen, damit es doch nicht ganz mit uns untergeht« (ebd., S. 294).

Auch wenn Wahrheit einen Zeitkern hat, zielt die *Dialektik der Aufklärung* auf ein Begreifen der Gegenwart – damals wie heute. Nachdem dem Text lange die entsprechende Resonanz versagt war, wurde er von der Studentenbewegung in den 1960er Jahren wieder neu angeeignet und insbesondere die darin enthaltene Kapitalismuskritik freigelegt. Unterdessen offenbart sich nun ein ganzes Tableau an Gegenwartsbezügen: Angesichts von Klimawandel, Fake News, Verschwörungsideologien und grassierendem Antisemitismus vermutet Eva von Redecker in ihrem Vorwort zur Neuauflage gar, dass die These vom Umschlagen der Vernunft wohl niemand aus der sogenannten »Generation Z« mehr irritieren würde:

> »Große Teile der jugendlichen Generation haben sich Freitag um Freitag auf die Straße begeben, weil ihnen die Zukunft, für

> die ihnen angeblich Wissen vermittelt wird, als helle Katastrophe erscheint. ›Zivilisation schlägt um in Selbstzerstörung – *what else is new?!*‹, würden sie wohl sagen, wenn sie sich in die kalifornische Runde begäben« (von Redecker, 2022, S. XIV).

Ob diese Hypothese so tatsächlich zutrifft, sei einmal dahingestellt, gleichwohl scheint eine generelle Desillusionierung optimistischer Fortschrittserzählungen gegenwärtig weniger geboten als eine Aktualisierung der daraus gewonnenen Gesellschaftsanalyse. So ließe sich der Gedanke, dass der Naturbeherrschung die Naturverfallenheit innewohnt, in materialistischer Tradition etwa auf Fragen des Klimawandels übertragen. Darüber kann einer naturalistischen Deutung von Herrschaft widersprochen werden, wie sie momentane Debatten um das Anthropozän nahelegen. Wird dabei oftmals die Klimakrise abstrakt auf *den Menschen* zurückgeführt, zeigen Horkheimer und Adorno, inwiefern sich neben der Selbstbeherrschung zur Herrschaft über die außermenschliche Natur auch die Herrschaft über andere Menschen hinzugesellt. Während die Selbstbeherrschung mittels psychoanalytischen Vokabulars beschrieben wird, wird die gesellschaftliche Herrschaft über eine Fülle an Bezügen auf die politische Ökonomie umrissen. Das Autorenpaar wusste sehr wohl, dass bereits Marx in seinem ersten Band des *Kapitals* zwei äußere Schranken der Kapitalverwertung identifizierte, die in der Herrschaftskritik der *Dialektik der Aufklärung* wieder aufschimmern: die Belastbarkeitsgrenze der Erde und der menschlichen Reproduzierbarkeit. Oder in den Worten von Marx: »Die kapitalistische Produktion entwickelt daher nur die Technik und Kombination des gesellschaftlichen Produktionsprozesses, indem sie zugleich die Springquellen alles Reichtums untergräbt: die Erde und den Arbeiter« (Marx, 1975 [1867], S. 529f.).

Auch wenn in der Publikation von 1947 gegenüber der mimeografierten Fassung von 1944 die ursprünglich marxistische Terminologie erheblich revidiert wurde – und etwa der Begriff der Ausbeutung an wesentlichen Stellen durch den weniger spezifischen Begriff des Leids ersetzt wurde –, verstanden Adorno und Horkheimer ihr Buch als eine Fortschreibung materialistischer Gesellschaftsanalysen unter veränderten Bedingungen. Odysseus beherrscht schließlich nicht nur die Natur, sondern gewissermaßen als Urkapitalist auch die proletarischen Ruderer, denen nichts als ihre Arbeitskraft bleibt.

> »Die Ruderer, die nicht zueinander sprechen können, sind einer wie der andere im gleichen Takte eingespannt wie der moderne Arbeiter in der Fabrik, im Kino und im Kollektiv. Die konkreten Arbeitsbedingungen in der Gesellschaft erzwingen den Konformismus und nicht die bewußten Beeinflussungen, welche zusätzlich die unterdrückten Menschen dumm machten und von der Wahrheit abzögen. Die Ohnmacht der Arbeiter ist nicht bloß eine Finte der Herrschenden, sondern die logische Konsequenz der Industriegesellschaft, in die das antike Fatum unter der Anstrengung, ihm zu entgehen, sich schließlich gewandelt hat« (Horkheimer & Adorno, 1981 [1944/1947], S. 54).

Christoph Türcke und Gerhard Bolte halten dementsprechend fest, dass Horkheimer und Adorno »eine Vertiefung des Marxschen Begriffs der Vorgeschichte« leisten (Türcke & Bolte, 1994, S. 63). Indem die herrschaftsförmigen und naturgeschichtlichen Vorbedingungen der modernen Gesellschaft untersucht werden, wird die Vorgeschichte des Kapitalismus geschrieben. Im direkten Umfeld der Kritischen Theorie wurde vor allem die Entwicklung des Kapitalismus innerhalb des Faschismus diskutiert. Während Friedrich Pollock, dem die *Dialektik der Aufklärung* gewidmet ist, die neue Qualität eines faschistischen Staatskapitalismus ohne Markt, Konkurrenz und Akkumulationsgesetz betonte, hob Franz Neumann dagegen das Fortbestehen des Privateigentums an Produktionsmitteln und den gewinnorientierten Wettbewerb unter totalitären Bedingungen hervor. Die Kontinuitätsauffassung wurde von Neumann unter das Begriffspaar des *totalitären Monopolkapitalismus* gebracht. Die divergierenden Auffassungen vom Primat der Politik oder der Ökonomie innerhalb des Instituts für Sozialforschung wurden nicht aufgelöst: Nach dem Krieg dominierte Adornos zeitdiagnostisches Theorem vom Spätkapitalismus, der über 50 Jahre später seine eigene Spätphase überlebt zu haben scheint.

Aber zu welchem Preis? Mit Blick auf diese Fragestellung lassen sich die in der *Dialektik der Aufklärung* entfalteten Kritiklinien nicht nur als historische Abfolge, sondern auch als räumliches Nebeneinander ungleicher Herrschaftsdynamiken zwischen den Zentren und den Außenposten des Kapitalismus interpretieren. Eine solche Lesart legt Stephan Lessenich in seinem 2016 erschienenen Buch *Neben uns die Sintflut* nahe. Darin werden nicht mehr die Vorgeschichte des Kapitalismus, sondern dessen äußeren und ausgelagerten Nebenwirkungen fokussiert. Was sich bei Horkheimer und Adorno noch als dialektisches Ineinander von historischen Widersprüchen entpuppt, wird von Lessenich als kausaler Zusammenhang von Innen und Außen, Zentrum und Peripherie, Eigentum und Ausbeutung und natürlich Reichtum und Armut analysiert. Die Klammer dieser Relationen bildet die innere Logik des weltumspannenden Kapitalismus: »Die Positionen in der globalen Ungleichheitsstruktur stehen in einem funktionalen Zusammenhang miteinander: Es geht den einen ›gut‹ bzw. besser, *weil* es den anderen ›schlecht‹ oder jedenfalls weniger gut geht« (Lessenich, 2018 [2016], S. 23). Der Titel des Buches könnte auch ohne größere Umstände »Wegen uns die Sintflut« lauten. Dabei möchte der Begriff der Externalisierung präzisieren, was den Kern vieler Imperialismustheorien ausmacht: eine Strukturbeschreibung der Tatsache, dass der Kapitalismus nicht ohne die unablässige Landnahme anderer Territorien, Ressourcen und Arbeitskräfte auskommt. »Externalisierung«, so Lessenichs Befund, »heißt in diesem Sinne: Ausbeutung fremder Ressourcen, Abwälzung von Kosten auf Außenstehende, Aneignung der Gewinne im Inneren, Beförderung des eigenen Aufstiegs bei Hinderung (bis hin zur Verhinderung) des Fortschreitens anderer« (ebd., S. 23f.). So kommt unter der Prämisse der Externalisierung eine »zweite, nicht weniger grundsätzliche Dialektik der Aufklärung in den Blick« (ebd., S. 79). Die vollends *aufgeklärte* Erde ist schließlich auch die vollkommen *kommodifizierte* Erde.

Das daraus resultierende Elend der Anderen wird anhand einer Fülle von Beispielen und Theorieebenen nachvollzogen. Ob Aluminiumerz aus Brasilien, Sojabohnen aus Argentinien oder Palmöl aus Indonesien – jeweils finden sich verarbeitete Formen dieser Rohstoffe in *unseren* Handys, *unseren*

Nespresso-Kapseln, *unserer* Kosmetik oder *unserer* Nahrung. Die ausgebeuteten Menschen und die zerstörte Natur lassen wir indes zurück bzw. externalisieren die Folgen oder – in der Sprache der Volkswirtschaftslehre – die *Negativen externen Effekte*. Lessenich thematisiert über seine imperiale Betrachtung der kapitalistischen Lebensweise das räumliche Auseinandertreten der Dialektik von Naturbeherrschung und Naturverfallenheit, die jedes *greening* der Ökonomie Lügen straft. Das sogenannte »Fußabdruck/Umweltzerstörungs-Paradoxon« (ebd., S. 96) bringt diese Spezifik der ökologischen Externalisierung auf einen einfachen Nenner. Denn Umweltverschmutzung und Konsumniveau sind nicht deckungsgleich, da »die reichen Industriegesellschaften in der Lage sind, die Voraussetzungen und Folgen ihres überbordenden Konsums systematisch in andere Weltregionen, nämlich an die Gesellschaften der ärmeren, Rohstoff exportierenden Länder, auszulagern« (ebd.). Die Länder also mit dem größten globalen Ressourcenverbrauch haben zugleich die weniger belastete Umwelt. Dies liegt nicht etwa am »nachhaltigen Konsum«, wie die Ideologie des Marktes behauptet, sondern daran, dass die umweltschädlichsten Teile der Produktion in die ärmsten Weltregionen mit dementsprechend niedrigem Lohnniveau und fehlender sozialer Absicherung ausgelagert werden, während die dort vorkommenden Ressourcen – in den Worten Jason Moores – als *billige Natur* angeeignet werden. Im paradoxen Bild des ökologischen Fußabdrucks zeigt sich einmal mehr, dass die Ausbeutung der kapitalistischen Peripherie dafür sorgt, dass die Zentren besser und scheinbar nachhaltiger leben können. Das auf Natur und Arbeitskraft angewiesene Kapital untergräbt durch deren globale Inwertsetzung seine eigenen Grundlagen hochgradig asymmetrisch. Wie Moore spricht sich Lessenich daher dafür aus, von einem Zeitalter des *Kapitalozäns* zu sprechen: Hier verändern nicht mehr das abstrakte menschliche Handeln, sondern die kapitalistischen Bewegungsgesetze die Dynamik der Naturaneignung in nachhaltiger Weise. Das dementsprechende Unterkapitel lautet folgerichtig: »It's capitalism, stupid« (ebd., S. 111). Aus diesem Grund unterstellt Lessenich den Subjekten der Externalisierung gerade kein vorsätzliches Handeln, sondern bewegt sich handlungstheoretisch nah an der Marx'schen Annahme, wonach die Einzelnen bloße Personifikationen der ökonomischen Verhältnisse sind. Die Externalisierung bezeichnet daher weniger eine Gegenwartsdiagnose als eine umfassende Struktur- und Praxisanalyse. Demgegenüber diskutiert Lessenich jedoch die psychische Dynamik, die die sozialen und ökologischen Folgen des Kapitalismus auf die Einzelnen hat. Letztlich funktioniert der Kapitalismus auch deshalb, weil die Menschen seine ungewünschten, jedoch hinlänglich bekannten Nebenwirkungen kollektiv auslagern oder – in den Worten des Buches – »externalisieren«. Abermals greift der Begriff der Externalisierung und zwar im psychoanalytischen Sinne einer Verdrängung bzw. einer Projektion. Demnach finden *wir* Entlastung in Spendenaktionen, aber auch über die klassische Form der Schuldumkehr, die Horkheimer und Adorno einst als charakteristisch für den modernen Antisemitismus betrachteten. Nicht man selbst, sondern die Anderen sind nun an ihrem eigenen Leiden und Elend schuld. Die Palette der Entlastungsangebote reicht von korrupten Regierungen im globalen Süden bis hin zu rassistischen Stereotypen der Faulheit und Minderwertigkeit.

Der Lohn für diese Verdrängungsleistung liegt im Vergessen der Katastrophe, die nunmehr *neben* uns stattfindet. Es geht somit weniger um Aspekte der fehlenden Aufklärung und des Nicht-Wissens als um die Perspektive eines verallgemeinerten *Nicht-Wissen-Wollens*. So wird die »psychische Belastung eines allgemeinen Wissens um die – oder zumindest einer Ahnung von den – Bürden, die anderen Menschen und Weltregionen auferlegt werden, vom kollektiven Gefühlsleben abgetrennt und ins Jenseits gesellschaftlicher Wahrnehmung verschoben« (ebd., S. 69).

Indes wies Freud in seiner Arbeit zu Verdrängung bereits auf deren Tendenz hin, wiederzukehren – sei es in Träumen, Fehlleistungen oder Symptomen. Lessenich vollzieht diese Wiederkehr materialistisch über Naturkatastrophen oder Migrationsbewegungen nach. Mit Blick auf die Klimabewegung kann unterdessen noch ein ganz anderer Aspekt der Wiederkehr in den Fokus genommen werden. So ziehen insbesondere die öffentlichkeitswirksamen Teile wie die »Letzte Generation« unverhohlenen Hass auf sich. Der Sozialpsychologe Tom Uhlig (2023) hält die Gewalt, der Teile der Bewegung bei Aktionen, wie etwa dem Festkleben auf Straße, ausgesetzt sind, für Enthemmungsformen, die über Lessenichs Beschreibung der psychischen Externalisierung plausibel gemacht werden können.

> »Die Letzte Generation sitzt nun wie ein lebender Vorwurf, sich der eigenen Verantwortung nicht bewusst genug zu sein, vor einem auf der Straße. Selbst wenn die Autofahrer:innen gar nicht adressiert werden, sondern brav die Bundespolitik, bricht an der Stelle doch womöglich das bequeme Selbstbild zusam-

men, mit allem nichts zu tun haben. Zumal die Folgen des Klimawandels nicht nur räumlich, sondern auch zeitlich externalisiert werden: Sie sind in die Zukunft verschoben. Die Letzte Generation trägt ungeachtet der tatsächlichen Altersstruktur ihrer Mitglieder diese Kritik im Namen« (ebd.).

Die Selbstverständlichkeit, mit der ganz normale Autofahrer:innen immer wieder gegen den gewaltfreien Protest zur Tat schreiten und teilweise schwere Körperverletzungen in Kauf nehmen, legt die Irrationalität des Gefühlshaushaltes offen. Denn die vordergründige Legitimation, eine Verzögerung des Arbeitsalltags verhindern zu wollen, verfängt nicht, die »Letzte Generation« liefert schließlich eine glaubwürdige Begründung der Verspätung. Uhlig sieht in den Reaktionen die verinnerlichte Gewalt des Arbeitsfetischs am Werk. Dieser zeige sich etwa daran, dass viele über das Eingreifen der Polizei verwundert sind, denn schließlich fühle man sich als Exekutor:in der Wiederherstellung des kapitalistischen Normalvollzugs durchaus legitimiert, alles Störende dieser Ordnung zu beseitigen. Flankiert werden die Aktionen durch einen Online-Mob in den Sozialen Medien, der aus seinen Gewalt- und Mordfantasien keinen Hehl macht.

Die »Letzte Generation« irritiert das moralische mühsam zurechtgezimmerte Selbst- und Weltbild in einem Maße, dass die Triebenthemmung als legitime Notwehr legitimiert wird. Man ist nicht Täter, sondern Opfer. Indem das eigene Unbehagen auf die sogenannten »Klima-Kleber« abgewälzt bzw. externalisiert wird, erspart man sich die schmerzhafte Einsicht, vollumfängliches Mitglied der Externalisierungsgesellschaft zu sein. Die Gewalt an beliebigen Kreuzungen im ganzen Land legt die Verbreitung des autoritären Charakters offen, den wir bereits im dritten Kapitel kennengelernt haben. So ist es kein Zufall, dass in der Bielefelder »Mitte-Studie« aus dem Jahr 2023 auf einen signifikanten Zusammenhang von demokratiefeindlichen Einstellungen und der Haltung zum Klimaschutz hingewiesen wird:

> »Je eher die Befragten klimapolitisch progressive Positionen teilen, desto demokratischer sind die Befragten eingestellt. Vor allem aber sind jene, die eher klimapolitisch regressive Positionen teilen, feindlicher gegenüber der Demokratie eingestellt. Dies zeigt sich empirisch in der ganzen Bandbreite demokratiegefährdender bis hin zu rechtsextremen Einstellungen und der Billigung politischer Gewalt« (Reusswig & Küpper, 2023, S. 308).

Die Klimabewegung ist zum Feindbild konservativer und rechter Affektpolitik mutiert. Das mag an ihrer jungen und weiblichen Zusammensetzung liegen, das mag an dem oftmals privilegierten Status einer als noch nicht werktätig wahrgenommenen Gruppierung liegen, das mag an einem moralisierend interpretierbaren Auftreten liegen – und das mag daran liegen, dass sie sich nicht externalisieren lassen. Insbesondere die Rechte kann auf ein polarisiertes gesellschaftliches Klima zählen, in dem Einschränkungen von Alltagspraktiken als narzisstische Kränkungen *verspürt* werden. Viele Forderungen der Klimabewegung etwa nach einem Tempolimit oder dem (Fleisch-)Konsumverzicht werden danach als abgehobene Verzichtsethik einer von der arbeitenden Bevölkerung entfremdeten Oberschicht zurückgewiesen. Wenn – im Jargon der Aktivist:innen – die Privilegien der bürgerlichen

Normalitätsvorstellung kritisiert und in einen globalen Ungleichheitskontext gestellt werden, wird dies als Angriff auf die persönliche Identität wahrgenommen und nicht als Verurteilung der imperialen Lebensweise (Brand & Wissen, 2017). Sicherlich verharren Teile der Bewegung in selbstvergewissernden Ritualen der Identitätspolitik, die sich nunmehr moralisierend an den eigenen Privilegien abarbeitet und darüber die dem individuellen Handeln vorgelagerten Strukturen aus dem Blick verliert. Vielleicht eignet sich auch deshalb die Bewegung so vortrefflich zur aggressiven Schuldabwehr der eigenen Verstrickung in kapitalistische Strukturzusammenhänge, denen man zugleich ohnmächtig gegenübersteht. Denn die Bedrohung der eigenen Lebensführung resultiert aus Krisen, Pandemien und dem Klimawandel – sie kommt nicht von einer kleinen Gruppe Menschen, die hier und da den Verkehr aufhalten. Gegenwärtig ist die Dialektik aus Naturbeherrschung und Naturverfallenheit in Form junger, privilegierter, oftmals weiblicher und queerer Menschen personifizierbar und sichtbar geworden – und das kann, in den Worten Uhligs (2023), »aggressiv machen, wenn man selbst unter dem ›Ernst des Lebens‹ leidet, daraus aber keinen Ausweg sieht oder sich dieses Leidens nicht mal bewusst ist«. Der Kernsatz zur Identitätsbildung aus der *Dialektik der Aufklärung* erweist seine Wahrheit im Ausbleiben der Reflexion darauf:

> »Furchtbares hat die Menschheit sich antun müssen, bis das Selbst, der identische, zweckgerichtete, männliche Charakter des Menschen geschaffen war, und etwas davon wird noch in jeder Kindheit wiederholt« (Horkheimer & Adorno, 1981 [1944/1947], S. 50).

Einmal mehr ist die von Adorno und Horkheimer unternommene radikale Selbstbesinnung auf die Anfänge und Grenzen der Aufklärung an der Zeit. Vielleicht muss dazu nicht mehr in die Antike zurückgegangen werden, sondern an die Anfänge einer Arbeitsgesellschaft, die heute auf dem besten Wege ist, die eigenen Grundlagen unwiederbringlich zu untergraben. Daher soll abschließend an einen Einspruch erinnert werden, den einst der französische Sozialist – und überdies Schwiegersohn von Marx – Paul Lafargue gegenüber der marxistischen Arbeiterbewegung formulierte. In seiner Schrift *Recht auf Faulheit* aus dem Jahr 1880 erhebt Lafargue Anklage gegen einen »seltsame[n] Wahn«, der nicht nur die Bourgeoise, sondern vor allem die Arbeiterklasse auszeichnet: »Dieser Wahn ist die Liebe zur Arbeit« (Lafague, 2018 [1880], S. 10). Gewiss hatte Lafargue noch nicht die verheerenden ökologischen Zerstörungen durch den globalen Kapitalismus vor Augen, sondern die elenden Lebensumstände der Arbeiterklasse, wie sie bereits von Friedrich Engels beschrieben wurden. Doch anders als Engels führt Lafargue die Verelendung nicht auf ein Zuwenig, sondern auf ein Zuviel an Arbeit zurück. Er wirft dem Proletariat vor, eine bürgerliche Arbeitsmoral noch auf die Spitze getrieben zu haben, die schlussendlich auf einem ungleichen Tausch beruht: »Das Proletariat hat sich, seine Instinkte verratend, seine historische Mission verkennend, durch das Dogma der Arbeit verderben lassen. Hart und schrecklich ist seine Züchtigung gewesen. Das ganze individuelle und gesellschaftliche Elend ist seiner Leidenschaft für die Arbeit entsprungen« (ebd., S. 14). Auch wenn Lafargue keine Revolution gegen die Arbeit im Sinn hatte, sondern reformistisch eine radikale

Arbeitszeitverkürzung und den Ausbau maschineller Arbeit fordert, trifft seine Kritik der Arbeit den sozialen und ökologischen Kern des Elends, dessen Ende nur in einer Emanzipation vom Zwang zur Arbeit bestehen kann.

> »Würde die Arbeiterklasse das Laster, das sie beherrscht und ihre Natur erniedrigt, aus ihrem Herzen reißen und sich in ihrer furchtbaren Kraft erheben, nicht, um die *Menschenrechte* einzufordern, die nichts weiter sind als die Rechte der kapitalistischen Ausbeutung, und nicht, um das *Recht auf Arbeit* einzufordern, das nichts weiter ist als das Recht auf Elend, sondern um ein ehernes Gesetz zu schmieden, das jedem Menschen verbietet, mehr als drei Stunden am Tag zu arbeiten, so würde die Erde, die alte Erde, bebend vor ausgelassener Freude, spüren, dass sich in ihr ein neues Universum rührt …« (ebd., S. 52).

Der 7. Oktober 2023 und die Versuche der Kontextualisierung des Leids

Nachwort

> »Philosophie, wie sie im Angesicht der Verzweiflung einzig noch zu verantworten ist, wäre der Versuch, alle Dinge so zu betrachten, wie sie vom Standpunkt der Erlösung aus sich darstellten.«
>
> *Theodor W. Adorno (2003b [1951], S. 283)*

In den frühen Morgenstunden des 7. Oktober 2023 begann der Angriff der Hamas auf Israel mit einem großangelegten Raketenbeschuss. Fast zeitgleich überwanden rund 3.000 Terroristen der Hamas die Grenzanlage des nördlichen Gazastreifens zu Luft, zu Wasser und über Land, um eine grausame Gewaltorgie zu begehen. Zielgenau wurden Häuser und Straßen durchkämmt, mehrere Kibbuzim zerstört, ein Musikfestival angegriffen und dabei unterschiedslos Erwachsene, Kinder und Säuglinge massakriert. Die Hamas tötete über 1.200 Zivilist:innen und verschleppte etwa 240 Menschen als Geiseln in den Gazastreifen. An diesem Tag starben mehr Jüdinnen und Juden durch antisemitische Gewalt als an jedem anderen Tag seit der Shoah.

Die israelische Regierung antwortete auf den Angriff mit der Operation »Eiserne Schwerter«, orientiert an dem Ziel, zunächst die Kontrolle über das eigene Staatsgebiet zurückzugewinnen, die Geiseln zu befreien und die Hamas zu zerschlagen. Diese militärische Reaktion weitete sich zu einem Krieg aus, der zum gegenwärtigen Zeitpunkt zehntausende Todesopfer unter der Zivilbevölkerung in Gaza zur Folge hat und die ohnehin schon prekäre humanitäre Lage dort auf unabsehbare Zeit verschlimmert. Unbestreitbar markiert das Massaker eine Zäsur im israelisch-palästinensischen Konflikt. Dadurch verschärft sich nicht nur die Lage in der Region, befeuert wird auch der Judenhass auf der ganzen Welt. Der 7. Oktober 2023 hat ein antisemitisches Lauffeuer entfacht. Bereits kurz nach dem Massaker wurde der Terror der Hamas weltweit als »Jihad«, »Befreiungskampf« und »antikolonialer Widerstand« begrüßt. Diese Allianz muss aufhorchen lassen, da die verbindende Klammer einmal eine offene, ein anderes Mal eine klammheimliche Freude über die Morde an Jüdinnen und Juden bildet. Anders als in anderen Konflikten auf der Welt ist eine Verurteilung des Terrorangriffs der Hamas kein humanistischer Konsens, eine Solidarisierung mit den Opfern der antisemitischen Gewalt demokratisch nicht mehrheitsfähig. Dem Historiker Dan Diner zufolge ist der Gewalt der Hamas ein »unverkennbares Menetekel eingeschrieben: Sie stellt der israelischen Bevölkerung einen Vernichtungstod in Aussicht«. Denn durch den Massenmord wird eine genuin genozidale Botschaft übermittelt, die auf einen eliminatorischen Antisemitismus (Goldhagen) verweist. In den Worten Diners war das

> »sadistische Quälen und Töten von Zivilisten, von Frauen und Kleinkindern, von Alten und Behinderten, das Köpfen, Verbrennen und Vergewaltigen [...] neben den von den Einzelnen erlittenen Gräueln insofern hochsymbolisch, als die über den

> Tod hinaus verunstalteten Leiber offenbar für den kollektiven Körper der israelischen Juden zu stehen hatten« (Diner, 2023).

Waren ursprünglich die wachsende globale Ungleichheit, die Klimakatastrophe oder auch die COVID-19-Pandemie impulsgebende Anlässe für das vorliegende Buch, fällt es mir nach dem 7. Oktober 2023 schwer, den Band wie ursprünglich angedacht zu beenden. Mein Anliegen war der Versuch, einen Begriff des Leidens als erkenntnistheoretisches Modell zu entwickeln, während die eklektisch skizzierten Formen des Elends einen historischen Zugang zur abstrakten Leiderfahrung eröffnen sollten. So entwickeln die im Buch entfalteten Kapitel ihren Gegenstand allesamt am konkreten Elend, um darüber den Weg zur Philosophie des Leids und der korrespondierenden Emanzipation zu bahnen.

Doch der 7. Oktober 2023 verweist einmal mehr auf die Grenzen der Aufklärung und der Emanzipation, von denen nicht zufällig das vorletzte Kapitel zur Ideengeschichte des Antisemitismus in der *Dialektik der Aufklärung* handelt. Über das Massaker der Hamas zu schreiben, steht demnach quer zur eigentlichen Intention des Unternehmens. Darüber zu schweigen, verfehlt jedoch den einst von Walter Benjamin beanspruchten *Zeitkern der Wahrheit.* Vor diesem Hintergrund stellt sich die Frage, wie überhaupt über Emanzipation gesprochen werden kann, wenn der Vers von Hölderlin (1953 [1808], S. 172) »Wo aber Gefahr ist, wächst das Rettende auch« nun vollends von der Realität widerlegt zu worden sein scheint? Ganz offensichtlich lässt die *List der Vernunft* noch ein bisschen auf sich warten. Wie kann aber über das Elend geschrieben werden, wenn dieses nicht historisch in eine lineare Reihenfolge gebracht und nach Schwere und Gräuel hierarchisiert wird? Auch akademisch frage ich mich, wie dieses Buch für sich beanspruchen kann, als Kritische Theorie ausgewiesen zu werden, wenn es nicht explizit von Antisemitismus, Klassenanalyse, Rassismus oder Sexismus handelt, sondern diese als abstrakte Formen des konkreten Elends jeweils nur (mit)verhandelt? Und schließlich: Wie lassen sich Elend und Emanzipation kontextualisieren, wenn sich seit dem 7. Oktober 2023 der Ruf nach Kontextualisierung der Barbarei der Hamas als eine neue Form der Relativierung des Mordes an Jüdinnen und Juden entpuppt? Eine klassische Antwort auf diese offenen Fragen wäre gewöhnlich der Verweis auf das Tagesgeschäft der Philosophie, an der es seit Hegel liegt, ihre Zeit in Gedanken zu fassen und darüber zwischen Konkretem und Abstraktem zu vermitteln. Doch gerade die Philosophie hätte – so mein Eindruck – direkt nach dem 7. Oktober womöglich besser geschwiegen. Um diese Behauptung plausibel zu machen, werden in diesem Nachwort aktuelle Einlassungen aus der Philosophie in den Worten Hegels *bestimmt negiert*. Darüber soll die begriffliche Bewegung des Gegenstands durch diesen hindurch nachvollzogen, und somit zwischen Allgemeinem und Besonderem vermittelt werden. Im vorliegenden Zusammenhang werden die Begriffe der Kontextualisierung, des konkreten Leids und der abstrakten Gewalt anhand kontrovers diskutierter Einlassungen zum Massaker und dessen Folgen einer immanenten Kritik unterzogen.

So erschien etwa drei Wochen nach dem Massaker der Hamas ein kurzer Brief, der auf große Resonanz stieß. Unter dem Titel »Philosophy for Palestine« (2023) versammelten sich u. a. prominente Philosoph:innen wie Nancy Fraser, Ramón Grosfoguel oder Étienne Balibar. Die auf wenigen schmalen Zeilen ausgedrückte »unmissverständliche Solidarität« mit der unter den israelischen Gegenangriffen leidenden palästinensischen Zivilbevölkerung wirkt beim Lesen unterkühlt und einseitig. Denn das beanspruchte Anliegen, sich »direkt mit dringenden und drängenden Ungerechtigkeiten« auseinanderzusetzen, erwähnt das Massaker der Hamas lediglich einmal, um es alsdann in eine »Geschichte der Gewalt« einzuordnen. Weder der Charakter des Massakers noch die von der Hamas entführten Geiseln werden thematisiert. Die Eskalation wird dagegen schnell als »sich entfaltender Genozid« bezeichnet und auf Israels »System der Apartheit« zurückgeführt. Beschlossen wird der Brief obligatorisch mit einem »akademischen und kulturellen Boykottaufruf« gegen Israel. Philosophisch kann der Brief, der die Befreiung Palästinas und »Gerechtigkeit für alle« fordert, nicht dem Bannkreis der schlechten Verdoppelung und gleichzeitigen Relativierung der Realität entgehen. Denn neben der Unterschlagung von Geschehnissen, muss, wer Kontextualisierung einfordert, auch diesen Kontext wiederum selbst kontextualisieren – auch eine Geschichte des Leids muss in eine andere Geschichte des Leids eingebettet werden. Diese Aufgabe des infiniten Regresses muss zwangläufig scheitern. Es scheint nicht an der Zeit, als Philosophie getarnte Schuldumkehr im Angesicht des konkreten Leids zu schreiben. Möglicherweise jedoch einen längeren Essay?

Einen solchen Versuch hat eine weitere prominente Mitunterzeichnerin des Briefes unternommen, die Philosophin Judith Butler. Ihr vieldiskutierter Essay »The Compass of

Mourning« (2023) erschien knapp zwei Wochen nach dem Massaker in der *London Review of Books*. Anknüpfend an ihre Arbeiten zur ethischen Gewalt, der menschlichen Verletzbarkeit und der Frage, wer unter welchen Bedingungen als *betrauerbar* gilt, unternimmt Butler darin den Versuch einer Kontextualisierung der Gewalt vom 7. Oktober 2023. Zu diesem Unternehmen distanziert sie sich gleich mehrmals von der durch die »Hamas verübte[n] Gewalt«, um sodann diesen Akt – gleichsam performativ – als ethisch vorgegebenen Imperativ zu beanstanden. Denn schnell folge darauf, so Butler, die Beschuldigung, »alle Formen der Kontextualisierung seien auf diese Weise moralisch relativierend«. Trotz dieser Fallstricke müsse sie gewissermaßen als ethisches Gebot jedoch an der Kontextualisierung festhalten, um der moralischen Fixierung auf die Gegenwart zu entkommen: »Diejenigen, deren moralische Position sich allein auf die Verurteilung beschränkt, haben gar nicht zum Ziel, die Situation zu verstehen. Moralische Empörung dieser Art ist gleichermaßen anti-intellektuell und beschränkt auf die Gegenwart.« Bisweilen ahnt Butler, dass ihr Versuch zum Scheitern verurteilt ist: »Ich frage mich, ob wir ohne Einschränkung sowohl um die verlorenen Leben in Israel als auch um die in Gaza trauern können, ohne uns in Debatten über Relativismus und Gleichwertigkeit zu verzetteln« (ebd.).

Während – wie bereits im Brief »Philosophy for Palestine« – der militärische Gegenschlag Israels den politischen Anlass für Butlers Intervention markiert, bilden die *postcolonial studies*, zu deren Vertreterinnen auch die im vierten Kapitel vorgestellte Gayatri Chakravorty Spivak gehört, den Referenzrahmen für ihre Argumentation. Dabei kommt den *postcolonial studies* durchaus das Verdienst zu, die Frage aufzuwerfen, inwiefern europäische und westliche Kulturen sich ihrer selbst über die essenzialisierende Differenzkonstruktion eines Fremden, Nicht-Zivilisierten und Nicht-Dazugehörigen zu vergewissern. Diese rassistische Kontinuität des *Otherings* bildet für Butler den theoretischen Rahmen, um die Resonanzen auf das Massaker zu kontextualisieren:

> »Wenn wir glauben, dass die moralische Verurteilung ein klarer, punktueller Akt sein muss, ohne Bezug auf irgendeinen Kontext oder ein Wissen, dann akzeptieren wir unweigerlich die Bedingungen, unter denen diese Verurteilung erfolgt, die Bühne, auf der die Alternativen inszeniert werden. In diesem jüngsten Kontext bedeutet das Akzeptieren dieser Bedingungen, Formen des kolonialen Rassismus zu reproduzieren, die Teil des strukturellen Problems sind, das es zu lösen gilt, der anhaltenden Ungerechtigkeit, die überwunden werden muss« (ebd.).

Durch den Fokus auf westliche Identitätszuschreibungen wird die Welt epistemisch abermals aufgeteilt. In gewissem Sinne wurde die antiimperialistische Dichotomie von kapitalistischem Zentrum und ausgebeuteter Peripherie durch eine kulturelle Spaltung der Welt in einen globalen Norden und einen globalen Süden fortgeschrieben. Dabei wird mit Blick auf Israel insbesondere von postkolonialen Aktivist:innen, zu denen auch Butler zählt, einhellig die Ansicht vertreten, dass dessen Gründung als Kolonialprojekt zu bewerten und der Staat somit als Kolonialmacht westlicher Prägung zu verurteilen ist. Dass, wie Meron Mendel jüngst noch einmal betont hat, die Gründung des Staates auch auf eine jahrhundertelange Geschichte der Verfolgung und Pogrome zurückgeht, deren Tiefpunkt zweifelsohne die Shoah bildet, findet dabei ebenso wenig Berücksichtigung wie die arabischen Reaktionen auf die Staatsgründung und die Tatsache, dass die Kolonalmächte in dieser Region das Osmanische Reich und Großbritannien waren. Israel, das sich aus dem Konflikt mit der britischen Kolonialmacht heraus gründete, könnte also durchaus als dekolonialer Akteur begriffen werden (Mendel, 2023a, S. 99).

Neben einer notwendigen historischen Kontextualisierung ließe sich Butlers Argumentationsgang überdies antisemitismustheoretisch weiterverfolgen. Folgt man Tom Uhlig und Meron Mendel, bildet vor allem die *Ohnmacht des Anderen* den von den *postcolonial studies* durchsichtig gemachten Erfahrungszusammenhang, der gleichsam zum naturgesetzlichen Verhältnis essenzialisiert wird. Im Antisemitismus hingegen bildet die Erfahrung der *eigenen Ohnmacht* die Triebfeder für das Ausbrechen aus den undurchschauten Zusammenhängen: »Während die rassifiziert Anderen beherrscht, unterdrückt, versklavt und in ihrer Bewegungsfreiheit eingeschränkt werden, zielt der Antisemitismus auf die Vernichtung der Jüdinnen und Juden ab, seine Konsequenz ist nicht die Kolonie, sondern Auschwitz« (Mendel & Uhlig, 2017, S. 263). Dabei fügt sich das Beharren Butlers auf Begriffen wie der Apartheit und des Genozids als alleinigen Maßstab der Beurteilung für das Agieren Israels nahtlos in einen antizionistischen Kontext ein, der dem antisemitischen Ressentiment über den Umweg einer scheinbar unverfänglichen Kritik am Staat Israel Gehör verschafft. Dies artikuliert sich in Kriegsphasen zwar verstärkt, greift jedoch auf die Strukturen des offenen Antisemitismus zurück, insofern die weltdeutende Funktion der entlastenden Dämonisierung dieselbe bleibt. So stimmen seit Jahren über die Hälfte der Befragten in Deutschland dem Satz teil oder vollumfänglich zu, dass das, »was der Staat Israel heute mit den Palästinensern macht, im Prinzip auch nichts anderes ist als das, was die Nazis mit den Juden gemacht haben« (Zick, Berghan & Mokros, 2019, S. 70ff.). Das Ressentiment aus dämonisierender Herrschaftspraxis, der in manichäischer Manier unschuldige Opfer entgegengestellt werden, verfängt bei Butler daher nicht *wegen* der zivilen Opfer in Gaza, sondern *trotz* der Opfer der Hamas. Nur unter Ausblendung dieses Kontextes kann von Butler (2023) die rhetorische Frage gestellt werden, die an der Realität der weltweiten Massendemonstrationen weit vorbeigeht: »Wo bleibt die Trauer der Welt um diese Menschen?«

Die manichäische Aufspaltung der Welt spiegelt sich auch in Butlers Zugang zur Trauer und zum Leid wider. In Anlehnung an ihre Philosophie der Betrauerbarkeit schreibt sie: »Die Frage, wessen Leben es wert sind, betrauert zu werden, ist ein wesentlicher Bestandteil der Frage, wessen Leben es wert sind, geachtet zu werden. Und hier kommt auf entscheidende Weise Rassismus ins Spiel.« Butlers Sensorium ist das des Rassismus und nicht das des Antisemitismus – letzterer ein Begriff, der in ihrem Text nur einmal anklagend als »böswilliger Vorwurf« Verwendung findet (ebd.). Das Massaker der Hamas war jedoch kein rassistisches, sondern genuin antisemitisch. Es war – wie Dan Diner betont – eine Botschaftstat der Vernichtung, die keine rationale Kalkulation der wahrscheinlichen Folgen duldet. Durch die Einbettung des Massakers in eine abstrakte Geschichte der Gewalt, des Leids und des Elends weist Butler, ob intendiert oder nicht, das konkrete Massaker als Bestandteil eines kolonialen Kontinuums aus. Sie suggeriert, dass »wir die Geschichte der Gewalt, der Trauer und der Empörung nicht kennen wollen, wie sie von Palästinensern gelebt wird. Wir wollen nur die Geschichte der Gewalt, der Trauer und der Empörung kennen, wie sie von Israelis gelebt wird« (ebd.).

Butlers Theorie ist vom schlichten Schema des Gegensatzes zwischen konkreter, subalterner und abstrakter, staatlicher Gewalt geleitet. Moralisch wird dabei die subalterne Gewalt als »gut«, die staatliche Gewalt dagegen als »böse« gewertet. Über diesen undialektischen Zugang geht paradoxerweise das Konkrete verloren, weil es abstrakt in einen Kontext von Ursachenketten konkreter Gewalttaten gesetzt wird (Klaue, 2023).

So wird deutlich, dass Butlers unterstellte Ausklammerung des Leids der Palästinenser:innen ihrerseits die Funktionsweise des globalen Antisemitismus ausklammert. Das ist ebenso eindimensional wie eine Perspektive auf das Massaker, die nicht die brutalen militärischen Reaktionen Israels und das damit verbundene Leid der palästinensischen Zivilbevölkerung als Kalkül der Hamas mitberücksichtigen würde. Butler (2023) wähnt sich indes auf der Seite der Beherrschten, der Opfer des Otherings – kurzum: der konkret Leidenden. Ihr Kompass der Trauer steht neben einem postkolonialen Magneten, der die Sicht auf den globalen Antisemitismus verzerrt.

Anders nimmt sich dagegen die Einordnung der Resonanzen des Massakers aus einer weniger globalen und konkret antisemitismuskritischen Perspektive aus, wie sie etwa Meron Mendel in seinem Kommentar im *SPIEGEL* mit dem Titel »Deutschland, wo bleibt das Mitgefühl?« einnimmt. Im Gegensatz zu Butler weist Mendel zunächst auf das Ausbleiben von Trauer- und Solidaritätsbekundungen unmittelbar nach dem Massaker hin – ein Phänomen, dass gleichwohl auch in Amerika zu beobachten war. Haben sich – so Mendel – in Deutschland nach dem islamistischen Massaker in Paris im Jahr 2015 Hunderttausende auf der Straße versammelt, waren nach dem 7. Oktober 2023 vor allem jene laut, die Butler mit ihrer Einlassung adressiert haben dürfte, und die den Terror der Hamas bejubelten oder verschwiegen:

> »Ein Teil der Gesellschaft hat aber durchaus reflexhafte Solidarität gezeigt. Allerdings nicht mit den Opfern, sondern mit den Tätern. Diejenigen, die auf die Straße gingen, um zu tanzen, zu singen und Süßigkeiten zu verteilen – aus Freude über das Massaker: das Foltern von Kindern, die Gruppenvergewaltigungen von Frauen und die Verschleppung alter Menschen. Oder jene Demonstranten, die am 18. Oktober vor dem Auswärtigen Amt lautstark skandierten, Palästina müsse ›von deutscher Schuld befreit‹ werden. Hier waren zweifelsohne starke Reflexe am Werk« (Mendel, 2023b).

Durch den Schematismus Butlers hingegen geht die Spezifik des Massakers verloren. An dessen Stelle tritt die leidvolle Geschichte des israelisch-palästinensischen Konflikts. Dieser wird wiederum in das Raster der Repräsentationskritik gepresst, deren Ziel es ist, durch Gegennarrative die moralischen Gewissheiten des Westens zu verunsichern. Das Massaker bildet zu diesem Unternehmen lediglich einen aktuellen Anlass. Ein solches Verfahren hat die Relativierung des Konkreten zur Voraussetzung. Es tendiert zu Derealisierung, Indifferenz und Kälte, insofern es keine Ereignisse und daher auch keine konkrete Verantwortung kennt. So verwundert es kaum, dass Butler schließlich im März 2024 bei einer Podiumsdiskussion das Massaker als einen »Akt des bewaffneten Wiederstands« bezeichnet, der »weder terroristisch, noch antisemitisch« war (Illouz, 2024). Adorno erkennt diesen Zusammenhang aus Universalisierung und Derealisierung bereits in der *Minima Moralia*:

> »Je leidenschaftlicher der Gedanke gegen sein Bedingtsein sich abdichtet um des Unbedingten willen, um so bewußtloser, und damit verhängnisvoller, fällt er der Welt zu. Selbst seine eigene Unmöglichkeit muß er noch begreifen um der Möglichkeit willen« (Adorno, 2003b [1951], S. 283).

Aus diesem Grund nimmt in Adornos Philosophie – die mit einem Diktum aus der *Negativen Dialektik* als Versuch, *Leiden beredt werden zu lassen*, beschrieben wird – das Konkrete und Singulare eine gesonderte Stellung ein (Schweppenhäuser, 1993). So verwendet Adorno für den Rückfall in die Barbarei, wie er im System der Konzentrationslager stattfand, stets den konkreten Ortsnahmen »Auschwitz« gleichsam als Chiffre und Zäsur. Seit Auschwitz muss das Leid dialektisch in seiner Singularität und potenziellen Wiederholbarkeit reflektiert werden. Auschwitz zwingt den Gedanken zur Reflexion auf die Sinnlosigkeit, die Leiblichkeit und die Abschaffbarkeit des Leidens: »Die kleinste Spur sinnlosen Leidens in der erfahrenen Welt straft die gesamte Identitätsphilosophie Lügen, die es der Erfahrung ausreden möchte« (Adorno, 2003d [1966], S. 203). Auschwitz verweist auf die Grenzen der Emanzipation und nötigt den Menschen negatorisch einen neuen Kategorischen Imperativ auf, ihr »Denken und Handeln so einzurichten, daß Auschwitz nicht sich wiederhole, nichts Ähnliches geschehe« (ebd., S. 358). Auch die Erziehung ist nun eine *Erziehung nach Auschwitz*, die sich angesichts der Verhältnisse ihrer Ohnmacht gewahr werden muss und notwendig in ihrer Wendung auf das Subjekt beschränkt bleibt. Der konkrete Bezug zu Auschwitz steht dabei in einem Verhältnis zum nunmehr geächteten Antisemitismus im Postfaschismus, der gleichwohl als abstrakte Weltanschauung nach Auschwitz fortbesteht. Aus diesem Grund beginnt die später hinzugefügte siebte These der Elemente des Antisemitismus aus der *Dialektik der Aufklärung* mit dem Satz: »Aber es gibt keine Antisemiten mehr« (Horkheimer & Adorno, 1981 [1944/1947], S. 226). Auch wenn sich Adorno und Horkheimer sehr wohl über das Fortleben des Antisemitismus nach Kriegsende im Klaren waren, hat dieser seine Gestalt doch gründlich gewandelt. Mitunter – so die Autoren – sei ein Ticketdenken an dessen Stelle getreten, dass einem die bewusste Entscheidung, für oder gegen etwas zu sein, abnimmt. Darüber trat der Antisemitismus die Flucht in eine abstrakte Denkform an. »Nicht erst das antisemitische Ticket ist antisemitisch, sondern die Ticketmentalität überhaupt« (ebd., S. 233). Vor dem Hintergrund der sich anbahnenden Blockkonfrontation heißt es:

> »Das Ticketdenken, Produkt der Industrialisierung und ihrer Reklame, mißt den internationalen Beziehungen sich an. Ob

> ein Bürger das kommunistische oder das faschistische Ticket zieht, richtet sich bereits danach, ob er mehr von der roten Armee oder den Laboratorien des Westens sich imponieren läßt« (ebd., S. 230).

Übersetzt auf den gegenwärtigen Kontext zieht Butler (2023) in ihrer Philosophie der Betrauerbarkeit ein postkoloniales Ticket und teilt darüber die Welt in abstraktes und ein konkretes Leiden auf. Das Ticket zwingt zum Bekenntnis einer Weltanschauung in der Logik von Freund und Feind, Stalinisten oder Faschisten im 20. Jahrhundert, globaler Süden oder globaler Norden im 21. Jahrhundert. Ein solches Denken ist erfahrungsunabhängig, geschichtslos und differenzfeindlich. Die so in Anschlag gebrachte Subsumtionslogik des Leidvergleichs wird schließlich als Versuch einer Kontextualisierung des Leids und der Trauer ausgewiesen. Ohne jedoch das konkrete Elend und Leid des Massakers der Hamas als Form des antisemitischen Wahns zu spezifizieren, verfehlen diese Versuche ihren Gegenstand und werden daher weder dem Leid im Allgemeinen noch dem Leiden im Besonderen, weder dem Leid der Einen noch dem Leid der Anderen gerecht.

Literatur

Adamczak, B. (2017). *Beziehungsweise Revolution. 1917, 1968 und kommende.* Suhrkamp.

Adorno, T.W. (1995 [1950]). *Studien zum autoritären Charakter.* Suhrkamp.

Adorno, T.W. (2001 [1964/1965]). Zur Lehre von der Geschichte und von der Freiheit. In ders., *Nachgelassene Schriften. Abteilung IV. Band 13* (S. 7–371). Suhrkamp.

Adorno, T.W. (2003a [1942]). Reflexionen zur Klassentheorie. In ders., *Gesammelte Schriften. Band 8* (S. 373–391). Suhrkamp.

Adorno, T.W. (2003b [1951]). Minima Moralia. Reflexionen aus dem beschädigten Leben. In ders., *Gesammelte Schriften. Band 4.* Suhrkamp.

Adorno, T.W. (2003c [1959]). Theorie der Halbbildung. In ders., *Gesammelte Schriften. Band 8* (S. 93–121). Suhrkamp.

Adorno, T.W. (2003d [1966]). Negative Dialektik. In ders., *Gesammelte Schriften. Band 6* (S. 7–412). Suhrkamp.

Adorno, T.W. (2003e [1968]). Spätkapitalismus oder Industriegesellschaft. In ders., *Gesammelte Schriften. Band 8* (S. 354–370). Suhrkamp.

Adorno, T.W. (2019a [1948]). *Bemerkungen zu »The Authoritarian Personality« und weitere Texte.* Suhrkamp.

Adorno, T.W. (2019b [1957]). Die menschliche Gesellschaft heute. In ders., *Nachgelassene Schriften. Abteilung V. Band 1* (S. 189–222.). Suhrkamp.

Adorno, T.W. (2019c [1960]). Die autoritäre Persönlichkeit. In ders., *Nachgelassene Schriften. Abteilung V. Band 1* (S. 239–264). Suhrkamp.

Altmeyer, M. (2004). *Narzissmus und Objekt. Ein intersubjektives Verständnis der Selbstbezogenheit* (2. Aufl.). Vandenhoeck & Ruprecht.

Amlinger, C. & Nachtwey, O. (2022). *Gekränkte Freiheit. Aspekte des libertären Autoritarismus.* Suhrkamp.

Arndt, M. (1980). Leiden. In J. Ritter & K. Gründer (Hrsg.), *Historisches Wörterbuch der Philosophie. Band 5* (S. 206–212). Schwabe.

Beck, U. (1986). *Risikogesellschaft. Auf dem Weg in eine andere Moderne.* Suhrkamp.

Bohlender, M. (2007). »… um die liberale Bourgeoisie aus ihrem eignen Munde zu schlagen« – Friedrich Engels und die Kritik im Handgemenge. *Marx-Engels-Jahrbuch 2007*, 9–33.

Bourdieu, P. (1987 [1980]). *Sozialer Sinn. Kritik der theoretischen Vernunft*. Suhrkamp.

Bourdieu, P. (1993). *Soziologische Fragen*. Suhrkamp.

Bourdieu, P. (2001). *Meditationen. Zur Kritik der scholastischen Vernunft*. Suhrkamp.

Bourdieu, P. (2002). *Ein soziologischer Selbstversuch*. Suhrkamp.

Bourdieu, P. (2012 [1998]). *Die männliche Herrschaft*. Suhrkamp.

Bourdieu, P. (2018a [1964]). Plädoyer für eine rationale Hochschuldidaktik. In F. Schultheis & S. Egger (Hrsg.), *Pierre Bourdieu: Bildung. Schriften zur Kultursoziologie 2* (S. 221–231). Suhrkamp.

Bourdieu, P. (2018b [1966]). Die konservative Schule. Soziale Ungleichheit gegenüber Schule und Kultur. In F. Schultheis & S. Egger (Hrsg.), *Pierre Bourdieu: Bildung. Schriften zur Kultursoziologie 2* (S. 7–38). Suhrkamp.

Bourdieu, P. (2018c [1967]). Abhängigkeit in der Unabhängigkeit. Die relative gesellschaftliche Autonomie des Bildungswesens. In F. Schultheis & S. Egger (Hrsg.), *Pierre Bourdieu: Bildung. Schriften zur Kultursoziologie 2* (S. 301–343). Suhrkamp.

Bourdieu, P. et al. (2005 [1993]). *Das Elend der Welt* (gekürzte Studienausgabe). UVK Verlagsgesellschaft.

Brand, U. & Wissen, M. (2017). *Imperiale Lebensweise. Zur Ausbeutung von Mensch und Natur im globalen Kapitalismus*. oekom.

Breidert, W. (1994). Einleitung. In ders. (Hrsg.), *Die Erschütterung der vollkommenen Welt. Die Wirkung des Erdbebens von Lissabon im Spiegel europäischer Zeitgenossen* (S. 1–17). Wissenschaftliche Buchgesellschaft.

Bröckling, U. (2007). *Das unternehmerische Selbst. Soziologie einer Subjektivierungsform*. Suhrkamp.

Brumlik, M. (2006). *Sigmund Freud. Der Denker des 20. Jahrhunderts*. Beltz.

Burghardt, D. (2019). Das Unglück in der Kultur. Sigmund Freuds anthropologisches Modell der Kränkung und des Leidens. In ders., R. Stöhr, D. Lohwasser, J. Noack Napoles, M. Dederich, M. Krebs & J. Zirfas (Hrsg.), *Schlüsselwerke der Vulnerabilitätsforschung* (S. 15–35). Springer VS.

Burghardt, D. (2022). Kritik der Verletzbarkeit. Versuch über eine Kritische Theorie der Vulnerabilität. In ders. & M. Krebs (Hrsg.), *Verletzungspotenziale. Kritische Studien zur Vulnerabilität im Neoliberalismus* (S. 53–65). Psychosozial Verlag.

Burghardt, D. (2023). Opferfantasien – Zur Kritik des Antisemitismus in der Querdenken-Bewegung. In S. Grigat (Hrsg.), *Kritik des Antisemitismus in der Gegenwart. Erscheinungsformen – Theorien – Bekämpfung* (S. 173–195). Nomos.

Burghardt, D. & Höhne, T. (2018). Marxistische Pädagogik. Ein historisch-systematischer Abriss. In S. Engelmann & R. Pfützner (Hrsg.), *Sozialismus & Pädagogik. Verhältnisbestimmungen und Entwürfe* (S. 197–216). transcript.

Butler, J. (2023). The Compass of Mourning. Judith Butler writes about violence and the condemnation of violence. *London Review of Books, 45*(20) (dt.: Judith Butler über den Terror der Hamas und die Geschichte der Gewalt. *Der Freitag, 42.* https://www.freitag.de/autoren/der-freitag/judith-butler-ueber-den-terror-der-hamas-und-die-geschichte-der-gewalt).

Decker, O. (2010). Das Veralten des Autoritären Charakters. In ders., M. Weißmann, J. Kiess & E. Brähler (Hrsg.). *Die Mitte in der Krise. Rechtsextreme Einstellungen in Deutschland 2010* (S. 29–40). zu Klampen.

Decker, O. (2018). Flucht ins Autoritäre. In ders. & E. Brähler (Hrsg.), *Flucht ins Autoritäre. Rechtsextreme Dynamiken in der Mitte der Gesellschaft. Leipziger Autoritarismus-Studie 2018* (S. 15–64). Psychosozial-Verlag.

Decker, O., Kiess, J. & Brähler, E. (2014). *Die stabilisierte Mitte. Rechtsextreme Einstellungen in Deutschland 2014.* Universität Leipzig.

Dederich, M. (2022). Leiden. In ders. & J. Zirfas (Hrsg.), *Glossar der Vulnerabilität* (S. 269–279). Springer VS.

Demirović, A. (2019). Zwei Weisen der Emanzipation – oder: Ist Emanzipation noch ein Ziel sozialer Kämpfe? In ders., S. Lettow & A. Maihofer (Hrsg.), *Emanzipation. Zur Geschichte und Aktualität eines politischen Begriffs* (S. 206–230). Westfälisches Dampfboot.

Diner, D. (2023). Sie stellen den Israelis den Vernichtungstod in Aussicht. *FAZ.* https://www.faz.net/aktuell/feuilleton/debatten/israel-krieg-hamas-stellen-israelis-den-vernichtungstod-in-aussicht-19265630.html

Dörre, K. (2018). Die Bundesrepublik – eine demobilisierte Klassengesellschaft. Neun Thesen aus dem PKJ. *Z. – Zeitschrift marxistische Erneuerung, 116,* 40–50.

Ehling, J. (2016). Warum Eribon den Aufstieg der Rechten nicht erklären kann. *Rosa-Luxemburg-Stiftung online,* 9–13. https://www.rosalux.de/fileadmin/rls_uploads/pdfs/sonst_publikationen/Eribon-Paper-final-2.pdf

Eichler, L. (2013). *System und Selbst. Arbeit und Subjektivität im Zeitalter ihrer strategischen Anerkennung.* transcript.

Engels, F. (1962 [1845]). Die Lage der arbeitenden Klasse in England. Nach eigner Anschauung und authentischen Quellen. In *Marx-Engels-Werke (MEW). Band 2* (S. 225–506). Dietz.

Engels, F. (1977 [1892]). Vorwort zur 2. deutschen Ausgabe der »Lage der arbeitenden Klasse in England«. In *Marx-Engels-Werke (MEW). Band 22* (S. 316–330). Dietz.

Eribon, D. (2016). *Rückkehr nach Reims.* Suhrkamp.

Eribon, D. (2017). *Gesellschaft als Urteil. Klassen, Identitäten, Wege.* Suhrkamp.

Foucault, M. (2002 [1972]). Die große Einsperrung. In ders., *Schriften. Band II. 1970–1975* (S. 367–381). Suhrkamp.

Foucault, M. (2003 [1977]). Das Leben der infamen Menschen. In ders., *Schriften. Band III. 1976–1979* (S. 309–332). Suhrkamp.

Foucault, M. & Deleuze, G. (2002 [1972]). Die Intellektuellen und die Macht. Ein Gespräch zwischen Michel Foucault und Gilles Deleuze. In M. Foucault, *Schriften. Band II. 1970–1975* (S. 382–393). Suhrkamp.

Freud, S. (1895d). *Studien über Hysterie. GW I*, S. 75–312 [ohne Breuers Beiträge].

Freud, S. (1910a [1909]). *Über Psychoanalyse.* Fünf Vorlesungen, gehalten zur 20jährigen Gründungsfeier der Clark University in Worcester, Mass., September 1909. *GW VIII*, S. 1–60.

Freud, S. (1912d). Über die allgemeinste Erniedrigung des Liebeslebens. (Beiträge zur Psychologie des Liebeslebens II). *GW VIII*, S. 78–91.

Freud, S. (1915b). Zeitgemäßes über Krieg und Tod. *GW X*, S. 324–355.

Freud, S. (1921c). *Massenpsychologie und Ich-Analyse. GW XIII*, S. 71–161.

Freud, S. (1926e). *Die Frage der Laienanalyse. GW XIV*, S. 207–286.

Freud, S. (1926f). Psycho-Analysis: Freudian School. *GW XIV*, S. 297–307.

Freud, S. (1930a [1929]). *Das Unbehagen in der Kultur. GW XIV*, S. 419–506.

Freud, S. (1933b [1932]). Warum Krieg? Brief an Albert Einstein Sept. 1932. *GW XVI*, S. 13–27.

Freud, S. (1940a [1938]). *Abriß der Psychoanalyse. GW XVII.*

Giglioli, D. (2016). *Die Opferfalle. Wie die Vergangenheit die Zukunft fesselt.* Matthes & Seitz.

von Goethe, J. W. (1970 [1811]). *Aus meinem Leben. Dichtung und Wahrheit. Band 1. Historisch-kritische Ausgabe* (bearbeitet von Siegfried Scheibe). Deutsche Akademie der Wissenschaft.

Gorz, A. (1984 [1980]). *Abschied vom Proletariat.* Rowohlt.

Hamacher, B. (2008). Strategien narrativen Katastrophenmanagements. Goethe und die ›Erfindung‹ des Erdbebens von Lissabon. In G. Lauer & T. Unger (Hrsg.), *Das Erdbeben von Lissabon und der Katastrophendiskurs im 18. Jahrhundert* (S. 162–172). Wallstein.

Hopf, C. (2000). Familie und Autoritarismus – zur politischen Bedeutung sozialer Erfahrung in der Familie. In S. Rippl, C. Seipel & A. Kindervater (Hrsg.), *Autoritarismus. Kontroversen und Ansätze der aktuellen Autoritarismusforschung* (S. 33–52). Leske + Budrich.

Horkheimer, M. (1970 [1933]. Materialismus und Moral. *Zeitschrift für Sozialforschung, 2*(2), 162–197.

Horkheimer, M. (1987 [1934]). Dämmerung. Notizen in Deutschland. In ders., *Gesammelte Schriften. Band 2* (S. 309–452). S. Fischer.

Horkheimer, M. (1991 [1976]). Vorwort. In M. Jay, *Dialektische Phantasie. Die Geschichte der Frankfurter Schule und des Instituts für Sozialforschung 1923–1950* (S. 9–10). S. Fischer.

Horkheimer, M. & Adorno, T. W. (1981 [1944/1947]). *Dialektik der Aufklärung. Philosophische Fragmente.* In T. W. Adorno, *Gesammelte Schriften. Band 3.* Suhrkamp.

Hölderlin, F. (1953 [1808]). Patmos. In ders., *Sämtliche Werke. Band 2* (S. 172–180). Kohlhammer.

Illouz, E. (2024). Warum Judith Butler keine Linke ist. *Der Freitag, 11.* https://www.freitag.de/autoren/eva-illouz/eva-illouz-warum-judith-butler-keine-linke-ist

Kastner, J. & Sonderegger, R. (Hrsg.). (2014). *Pierre Bourdieu und Jaques Rancière. Emanzipatorische Praxis denken.* turia + kant.

Kemper, A. & Weinbach, H. (2009). *Klassismus. Eine Einführung.* Unrast.

King, V. (2022). *Sozioanalyse. Zur Psychoanalyse des Sozialen mit Pierre Bourdieu.* Psychosozial-Verlag.

Klaue, M. (2023). Die Dekonstruktion des jüdischen Staates. *WELT.* https://www.welt.de/kultur/plus248376428/Judith-Butler-Dekonstruktion-des-juedischen-Staates.html

Krug, U. (2022). *Krankheit als Kränkung. Narzissmus und Ignoranz in pandemischen Zeiten.* Edition Tiamat.

Lafargue, P. (2018 [1880]). *Das Recht auf Faulheit.* Reclam.

Lauer, G. & Unger, T. (2008). Angesichts der Katastrophe. Das Erdbeben von Lissabon und der Katastrophendiskurs im 18. Jahrhundert. In dies. (Hrsg.), *Das Erdbeben von Lissabon und der Katastrophendiskurs im 18. Jahrhundert* (S. 13–43). Wallstein.

Lemke, T. (1998). Pierre Bourdieu et al.: Das Elend der Welt. Zeugnisse und Diagnosen alltäglichen Leidens an der Gesellschaft, Konstanz: Universitätsverlag 1997. *Sozialwissenschaftliche Literatur Rundschau, 21*(2), 90–93.

Lessenich, S. (2018). *Neben uns die Sintflut. Wie wir auf Kosten anderer leben.* Piper.

Lohmann, H.-M. (2006). Schriften zum Thema Krieg und Tod. In ders. & J. Pfeiffer (Hrsg.), *Freud Handbuch. Leben – Werk – Wirkung* (S. 187–192). J.B.Metzler.

Louis, É. (2015). *Das Ende von Eddy. Roman.* S.Fischer.

Marcuse, H. (1963). Das Veralten der Psychoanalyse. In ders., *Kultur und Gesellschaft 2* (S. 85–106). Suhrkamp.

Marcuse, H. (2004 [1967]). *Der eindimensionale Mensch. Studien zur Ideologie der fortgeschrittenen Industriegesellschaft.* dtv.

Marquard, O. (2008). Die Krise des Optimismus und die Geburt der Geschichtsphilosophie. In G. Lauer & T. Unger (Hrsg.), *Das Erdbeben von Lissabon und der Katastrophendiskurs im 18. Jahrhundert* (S. 205–215). Wallstein.

Marx, K. (1975 [1867]). *Das Kapital. Kritik der politischen Ökonomie. Erster Band. Marx-Engels-Werke (MEW). Band 23.* Dietz.

Marx, K. (1976 [1843/1844]). Zur Kritik der Hegelschen Rechtsphilosophie. Einleitung. In *Marx-Engels-Werke (MEW). Band 1* (S. 378–391). Dietz.

Marx, K. & Engels, F. (1978 [1845/1846]). Die Deutsche Ideologie. In *Marx-Engels-Werke (MEW). Band 3* (S. 5–530). Dietz.

McGarvey, D. (2019). *Armutssafari. Von der Wut der abgehängten Unterschicht.* Luchterhand.

Mendel, M. (2023a). *Über Israel reden. Eine deutsche Debatte.* Kiepenheuer & Witsch.

Mendel, M. (2023b). Deutschland, wo bleibt das Mitgefühl? *SPIEGEL,* 46. https://www.spiegel.de/ausland/hamas-terror-vom-7-oktober-deutschland-wo-bleibt-das-mitgefuehl-a-d92bacf7-ee99–48ac-aa74-ac8599e8239e

Mendel, M. & Uhlig, T. (2017). Challenging Postcolonial. Antisemitismuskritische Perspektiven auf postkoloniale Theorie. In ders. & A. Messerschmidt (Hrsg.), *Fragiler Konsens. Antisemitismuskritische Bildung in der Migrationsgesellschaft* (S. 249–267). Campus.

Nachtwey, O. (2016). *Die Abstiegsgesellschaft. Über das Aufbegehren in der regressiven Moderne.* Suhrkamp.

Neiman, S. (2006). *Das Böse denken. Eine andere Geschichte der Philosophie.* Suhrkamp.

o. V. (2023). Philosophy for Palestine. https://drive.google.com/file/d/1N22Q0oCpwmIrCiW6yZYe1JunyPr1Tt0r/view

Peham, A. (2022). *Kritik des Antisemitismus.* Schmetterling.

Peter, L. (2001). Die Lage der arbeitenden Klasse in England. In G. W. Oesterdiekhoff (Hrsg.), *Lexikon der soziologischen Werke* (S. 188–189). VS Verlag.

Popp, A. (2019 [1909]). *Jugend einer Arbeiterin.* Picus.

Rancière, J. (2002 [1995]). *Das Unvernehmen.* Suhrkamp.

Rancière, J. (2009 [1987]). *Der unwissende Lehrmeister. Fünf Lektionen über die intellektuelle Emanzipation.* Passagen.

Rancière, J. (2010 [1983]). *Der Philosoph und seine Armen.* Passagen.

Reckwitz, A. (2017). *Die Gesellschaft der Singularitäten. Zum Strukturwandel der Moderne.* Suhrkamp.

von Redecker, E. (2022). Vorwort. In M. Horkheimer & T. W. Adorno, *Dialektik der Aufklärung. Philosophische Fragmente* (S. IX–XXIX). S. Fischer.

Reusswig, F. & Küpper, B. (2023). Klimapolitische Einstellungen im Kontext des Krieges gegen die Ukraine In A. Zick, B. Küpper & N. Mokros (Hrsg.), *Die distanzierte Mitte. Rechtsextreme und demokratiegefährdende Einstellungen in Deutschland 2022/23* (S. 289–313). J. H. W. Dietz.

Rieger-Ladich, M. (2018). Klassenkämpfe. Pierre Bourdieu über Bildung. In F. Schultheis & S. Egger (Hrsg.), *Pierre Bourdieu: Bildung. Schriften zur Kultursoziologie 2* (S. 386–414). Suhrkamp.

Rieger-Ladich, M. & Grabau, C. (2018). Didier Eribon. Porträt eines Bildungsaufsteigers. *Zeitschrift für Pädagogik, 64,* 788–804.

Rousseau, J.-J. (1994 [1756]). Brief über die Vorsehung In W. Breidert (Hrsg.), *Die Erschütterung der vollkommenen Welt. Die Wirkung des Erdbebens von Lissabon im Spiegel europäischer Zeitgenossen* (S. 79–93). Wissenschaftliche Buchgesellschaft.

Ruhloff, J. (2004). Emanzipation. In D. Benner & J. Oelkers (Hrsg.), *Historisches Wörterbuch der Pädagogik* (S. 279–287). Beltz.

Salzborn, S. (2010). *Antisemitismus als negative Leitidee der Moderne.* Campus.

Schmied-Kowarzik, W. (1988). *Kritische Theorie und revolutionäre Praxis. Konzepte und Perspektiven marxistischer Erziehungs- und Bildungstheorie.* Germinal.

Schweppenhäuser, G. (1993). *Ethik nach Auschwitz. Adornos negative Moralphilosophie.* Argument.

Simmel, E. (1980 [1946]). Antisemitismus und Massenpsychologie. In H. Dahmer (Hrsg.), *Analytische Sozialpsychologie. Band 1* (S. 282–317). Suhrkamp.

Spivak, G.C. (2008 [1988]). *Can the Subaltern Speak? Postkolonialität und subalterne Artikulation.* turia + kant.

Türcke, C. & Bolte, G. (1994). *Einführung in die Kritische Theorie.* Wissenschaftliche Buchgesellschaft.

Uhlig, T. (2023). Deutscher Straßenkampf. Ein Versuch die Aggression gegen die Letzte Generation zu erklären. *jungle.world.* https://jungle.world/artikel/2023/41/deutscher-strassenkampf

Voigt, S. (2024). *Der Judenhass. Eine Geschichte ohne Ende?* Hirzel.

Voller, C. (2022). *In der Dämmerung. Studien zur Vor- und Frühgeschichte der Kritischen Theorie.* Matthes & Seitz.

Voltaire (1962 [1759]). Candide oder der Optimismus. In ders., *Sämtliche Romane und Erzählungen* (S. 148–268). Carl Schünemann.

Voltaire (1994 [1756]). Gedicht über die Katastrophe von Lissabon. In W. Breidert (Hrsg.), *Die Erschütterung der vollkommenen Welt. Die Wirkung des Erdbebens von Lissabon im Spiegel europäischer Zeitgenossen* (S. 58–73). Wissenschaftliche Buchgesellschaft.

Walter, F. (2010). *Katastrophen. Eine Kulturgeschichte vom 16. bis ins 21. Jahrhundert.* Reclam.

Wilke, J. (2008). Das Erdbeben von Lissabon als Medienereignis. In G. Lauer & T. Unger (Hrsg.), *Das Erdbeben von Lissabon und der Katastrophendiskurs im 18. Jahrhundert* (S. 75–95). Wallstein.

Zick, A, Berghan, W. & Mokros, N. (2019). Gruppenbezogene Menschenfeindlichkeit in Deutschland 2002–2018/19. In A. Zick, B. Küpper & W. Berghan (Hrsg.), *Verlorene Mitte – Feindselige Zustände. Rechtsextreme Einstellungen in Deutschland 2018/19* (S. 53–116). J.H.W. Dietz.

Johanna L. Degen

Swipe, like, love

Intimität und Beziehung im digitalen Zeitalter

2024 · 166 Seiten · Broschur
ISBN 978-3-8379-3287-4

- **Autorin ist medial als Dr. Tinder bekannt**
- **Neue Erkenntnisse über Beziehungen in Sozialen Medien**
- **Anschauliche therapeutische Perspektiven zu Parasozialität und Intimität**

Fast jede zweite Beziehung beginnt virtuell. Tinder, OnlyFans oder Instagram sind die Orte, an denen Annäherung stattfindet, Sex angebahnt wird und Beziehungen geführt werden. Lange verstand die Psychologie das um sich greifende Handynutzungsverhalten als Sucht, suchtähnlich oder als Fear of missing out. Neueste Erkenntnisse weisen aber auf Bindung hin, auf die Liebe zum Endgerät und zu den Personen im virtuellen Raum – seien es neue Online-Bekanntschaften, die langsam zu Real-Life-Beziehungen werden, oder Influencer*innen, die Orientierung bei alltäglichen Fragen und ungewöhnlichen Interessen geben.

Johanna L. Degen spürt der Bedeutung der verschiedenen Phänomene von Onlinedating bis Social-Media-Nutzung vor dem Hintergrund der gängigen Theorien von Intimität, Liebe, Sexualität und Beziehung nach und wendet den aktuellen Forschungsstand sowie Erkenntnisse aus der therapeutischen und paartherapeutischen Praxis auf diese Kontexte an.